edition suhrkamp

Redaktion: Günther Busch

Bertolt Brecht, geboren am 10. Februar 1898 in Augsburg, starb am 14. August 1956 in Berlin. Das Volksstück *Herr Puntila und sein Knecht Matti* entstand 1940/41 in Finnland und wurde am 5. Juni 1948 unter der Regie von Kurt Hirschfeld mit Leonard Steckel als Puntila und Gustav Knuth als Matti am Schauspielhaus Zürich uraufgeführt.

Der Gutsbesitzer Puntila ist nüchtern ein Ausbeuter und betrunken ein Menschenfreund. Nüchtern will Puntila seine Tochter mit einem Aristokraten verheiraten; er ist nicht betrunken, als er einsieht, daß der Schwächling kein Mann für das Mädchen ist; aber die Einsicht veranlaßt ihn, sich zu betrinken. Als schließlich doch der Knecht Matti zum Schwiegersohn bestimmt wird, unterzieht Matti die Tochter des Reichen einem Examen, in dem sie beweisen soll, ob sie ihn glücklich machen kann oder nicht. In einer grotesken Schlußszene werden die Motive zusammengefaßt: arm und reich können nicht zusammenkommen. Die Lösung ist komisch, aber nicht verwendbar.

Bertolt Brecht
Herr Puntila
und sein Knecht Matti
Volksstück

Suhrkamp Verlag

Geschrieben 1940 nach den Erzählungen
und einem Stückentwurf von Hella Wuolijoki
Musik von Paul Dessau

edition suhrkamp 105
Erste Auflage 1965
Copyright 1950 by Suhrkamp Verlag, Berlin. Diese Ausgabe folgt un-
verändert der Einzelausgabe *Herr Puntila und sein Knecht Matti*,
21.–25. Tausend. Frankfurt am Main 1963. Printed in Germany. Alle
Rechte vorbehalten, insbesondere das der Übersetzung, des öffent-
lichen Vortrags, des Rundfunkvortrags und der Verfilmung, auch ein-
zelner Abschnitte. Den Bühnen und Vereinen gegenüber als Manuskript
gedruckt. Satz, in Linotype Garamond, bei Georg Wagner, Nördlingen.
Druck: Ebner Ulm. Gesamtausstattung Willy Fleckhaus.

26 27 28 – 93

Herr Puntila
und sein Knecht Matti

Personen

Puntila, *Gutsbesitzer*
Eva Puntila, *seine Tochter*
Matti, *sein Chauffeur*
Der Ober
Der Richter
Der Attaché
Der Viehdoktor
Die Schmuggleremma
Das Apothekerfräulein
Das Kuhmädchen
Die Telefonistin
Ein dicker Mann
Ein Arbeiter
Der Rothaarige
Der Kümmerliche
Der rote Surkkala
Laina, *die Köchin*
Fina, *das Stubenmädchen*
Der Advokat
Der Probst
Die Pröbstin
Waldarbeiter

Prolog

Gesprochen von der Darstellerin des Kuhmädchens.

Geehrtes Publikum, der Kampf ist hart
Doch lichtet sich bereits die Gegenwart.
Nur ist nicht überm Berg, wer noch nicht lacht
Drum haben wir ein komisches Spiel gemacht.
Und wiegen wir den Spaß, geehrtes Haus
Nicht mit der Apothekerwaage aus
Mehr zentnerweise, wie Kartoffeln, und zum Teil
Hantieren wir ein wenig mit dem Beil.
Wir zeigen nämlich heute abend hier
Euch ein gewisses vorzeitliches Tier
Estatium possessor, auf deutsch Gutsbesitzer
                                        genannt
Welches Tier, als sehr verfressen und ganz unnützlich
                                        bekannt
Wo es noch existiert und sich hartnäckig hält
Eine arge Landplage darstellt.
Sie sehn dies Tier, sich ungeniert bewegend
In einer würdigen und schönen Gegend.
Wenn sie aus den Kulissen nicht erwächst
Erfühlt ihr sie vielleicht aus unserm Text:
Milchkesselklirrn im finnischen Birkendom
Nachtloser Sommer über mildem Strom
Rötliche Dörfer, mit den Hähnen wach
Und früher Rauch steigt grau vom Schindeldach.
Dies alles, hoffen wir, ist bei uns da
In unserm Spiel vom Herrn auf Puntila*.

---

* Die dreisilbigen Eigennamen im Stück werden auf der ersten Silbe betont (Púntila, Kúrgela usw.).

Puntila findet einen Menschen

*Nebenstube im Parkhotel von Tavasthus. Der Guts-
besitzer Puntila, der Richter und der Ober. Der Richter fällt betrunken vom Stuhl.*

PUNTILA: Ober, wie lange sind wir hier?

DER OBER: Zwei Tage, Herr Puntila.

PUNTILA *vorwurfsvoll zum Richter:* Zwei Täglein,
hörst du! Und schon läßt du nach und täuschst
Müdigkeit vor! Wenn ich mit dir bei einem Aquavit
ein bissel über mich reden will und wie ich mich
verlassen fühl und wie ich über den Reichstag denk!
Aber so fallt ihr einem alle zusammen bei der ge-
ringsten Anstrengung, denn der Geist ist willig,
aber das Fleisch ist schwach. Wo ist der Doktor, der
gestern die Welt herausgefordert hat, daß sie sich
mit ihm mißt? Der Stationsvorsteher hat ihn noch
hinaustragen sehn, er muß selber gegen sieben Uhr
untergegangen sein, nach einem heldenhaften Kampf,
wie er gelallt hat, da ist der Apotheker noch gestanden, wo ist er jetzt hin? Das nennt sich die
führenden Persönlichkeiten der Gegend, man wird
ihnen enttäuscht den Rücken kehrn, und – *zum
schlafenden Richter* – was das für ein schlechtes
Beispiel gibt für das tavastländische Volk, wenn
ein Richter nicht einmal mehr Einkehren in einem
Gasthof am Weg aushält, das denkst du nicht. Einen
Knecht, der beim Pflügen so faul wär wie du beim
Trinken, tät ich auf der Stell entlassen. Hund, würd

ich ihm sagen, ich lehr dir's, deine Pflicht auf die leichte Achsel zu nehmen! Kannst du nicht dran denken, Fredrik, was von dir erwartet wird, als einem Gebildeten, auf den man schaut, daß er ein Vorbild gibt und was aushält und ein Verantwortungsgefühl zeigt. Warum kannst du dich nicht zusammennehmen und mit mir aufsitzen und reden, schwacher Mensch? *Zum Ober:* Was für ein Tag ist heut?

DER OBER: Samstag, Herr Puntila.

PUNTILA: Das erstaunt mich. Es soll Freitag sein.

DER OBER: Entschuldigens, aber es ist Samstag.

PUNTILA: Du widersprichst ja. Du bist mir ein schöner Ober. Willst deine Gäst hinausärgern und wirst grob zu ihnen. Ober, ich bestell einen weiteren Aquavit, hör gut zu, daß du nicht wieder alles verwechselst, einen Aquavit und einen Freitag. Hast du mich verstanden?

DER OBER: Jawohl, Herr Puntila. *Er läuft weg.*

PUNTILA *zum Richter:* Wach auf, Schwächling! Laß mich nicht so allein! Vor ein paar Flaschen Aquavit kapitulieren! Warum, du hast kaum hingerochen. Ins Boot hast du dich verkrochen, wenn ich dich übern Aquavit hingerudert hab, nicht hinaus hast du dich schaun trauen übern Bootsrand, schäm dich. Schau, ich steig hinaus auf die Flüssigkeit – *er spielt es vor* – und wandle auf dem Aquavit, und geh ich unter? *Er sieht Matti, seinen Chauffeur, der seit einiger Zeit unter der Tür steht.* Wer bist du?

MATTI: Ich bin Ihr Chauffeur, Herr Puntila.

PUNTILA *mißtrauisch:* Was bist du? Sag's noch einmal.

MATTI: Ich bin Ihr Chauffeur.

PUNTILA: Das kann jeder sagen. Ich kenn dich nicht.

MATTI: Vielleicht haben Sie mich nie richtig angesehn, ich bin erst fünf Wochen bei Ihnen.

PUNTILA: Und wo kommst du jetzt her?

MATTI: Von draußen. Ich wart seit zwei Tagen im Wagen.

PUNTILA: In welchem Wagen?

MATTI: In Ihrem. In dem Studebaker.

PUNTILA: Das kommt mir komisch vor. Kannst du's beweisen?

MATTI: Und ich hab nicht vor, länger auf Sie draußen zu warten, daß Sie's wissen. Ich hab's bis hierher. So könnens einen Menschen nicht behandeln.

PUNTILA: Was heißt: einen Menschen? Bist du ein Mensch? Vorhin hast du gesagt, du bist ein Chauffeur. Gelt, jetzt hab ich dich auf einem Widerspruch ertappt! Gib's zu!

MATTI: Das werdens gleich merken, daß ich ein Mensch bin, Herr Puntila. Indem ich mich nicht behandeln laß wie ein Stück Vieh und auf der Straß auf Sie wart, ob Sie so gnädig sind, herauszukommen.

PUNTILA: Vorhin hast du behauptet, daß du dir's nicht gefallen läßt.

MATTI: Sehr richtig. Zahlens mich aus, 175 Mark, und das Zeugnis hol ich mir auf Puntila.

PUNTILA: Deine Stimm kenn ich. *Er geht um ihn herum, ihn wie ein fremdes Tier betrachtend.* Deine Stimm klingt ganz menschlich. Setz dich und nimm einen Aquavit, wir müssen uns kennenlernen.

DER OBER *herein mit einer Flasche:* Ihr Aquavit, Herr Puntila, und heut ist Freitag.

PUNTILA: Es ist recht. *Auf Matti zeigend:* Das ist ein Freund von mir.

DER OBER: Ja, Ihr Chauffeur, Herr Puntila.

PUNTILA: So, du bist Chauffeur? Ich hab immer gesagt, auf der Reis trifft man die interessantesten Menschen. Schenk ein!

MATTI: Ich möcht wissen, was Sie jetzt wieder vorhaben. Ich weiß nicht, ob ich Ihren Aquavit trinke.

PUNTILA: Du bist ein mißtrauischer Mensch, seh ich. Das versteh ich. Mit fremden Leuten soll man sich nicht an einen Tisch setzen. Warum, wenn man dann einschläft, möchtens einen ausrauben. Ich bin der Gutsbesitzer Puntila aus Lammi und ein ehrlicher Mensch, ich hab 90 Kühe. Mit mir kannst du ruhig trinken, Bruder.

MATTI: Schön. Ich bin der Matti Altonen und freu mich, Ihre Bekanntschaft zu machen. *Er trinkt ihm zu.*

PUNTILA: Ich hab ein gutes Herz, da bin ich froh darüber. Ich hab einmal einen Hirschkäfer von der Straß auf die Seit in den Wald getragen, daß er nicht überfahren wird, das ist ja schon übertrieben bei mir. Ich hab ihn auf einen Stecken aufkriechen lassen. Du hast auch ein so gutes Herz, das seh ich dir an. Ich kann nicht leiden, wenn einer „ich" mit einem großen I schreibt. Das soll man mit einem Ochsenziemer austreiben. Es gibt schon solche Großbauern, die dem Gesinde das Essen vom Maul abzwacken. Ich möcht am liebsten meinen Leuten nur Braten geben. Es sind auch Menschen und wollen ein gutes Stückel essen, genau wie ich, sollen sie! Das meinst du doch auch?

MATTI: Unbedingt.

PUNTILA: Hab ich dich wirklich draußen sitzen lassen? Das ist mir nicht recht, das nehm ich mir sehr übel, und ich bitt dich, wenn ich das noch einmal mach, nimm den Schraubenschlüssel und gib mir eine über den Deetz! Matti, bist du mein Freund?

MATTI: Nein.

PUNTILA: Ich dank dir. Ich wußte es. Matti, sieh mich an! Was siehst du?

MATTI: Ich möcht sagen: einen dicken Kloben, stink-besoffen.

PUNTILA: Da sieht man, wie das Aussehen täuschen kann. Ich bin ganz anders. Matti, ich bin ein kran-ker Mann.

MATTI: Ein sehr kranker.

PUNTILA: Das freut mich. Das sieht nicht jeder. Wenn du mich so siehst, könntest du's nicht ahnen. *Düster, Matti scharf anblickend:* Ich hab Anfälle.

MATTI: Das sagen Sie nicht.

PUNTILA: Du, das ist nichts zum Lachen. Es kommt über mich mindestens einmal im Quartal. Ich wach auf und bin plötzlich sternhagelnüchtern. Was sagst du dazu?

MATTI: Bekommen Sie diese Anfälle von Nüchtern-heit regelmäßig?

PUNTILA: Regelmäßig. Es ist so: die ganze andere Zeit bin ich vollkommen normal, so wie du mich jetzt siehst. Ich bin im vollen Besitz meiner Geistes-kräfte, ich bin Herr meiner Sinne. Dann kommt der Anfall. Es beginnt damit, daß mit meinen Augen ir-gend etwas nicht mehr stimmt. Anstatt zwei Gabeln – *er hebt eine Gabel hoch* – sehe ich nur noch eine.

MATTI *entsetzt:* Da sind Sie also halbblind?

PUNTILA: Ich seh nur die Hälfte von der ganzen Welt. Aber es kommt noch böser, indem ich während dieser Anfälle von totaler, sinnloser Nüchternheit einfach zum Tier herabsinke. Ich habe dann überhaupt keine Hemmungen mehr. Was ich in diesem Zustand tue, Bruder, das kann man mir überhaupt nicht anrechnen. Nicht, wenn man ein Herz im Leibe hat und sich immer sagt, daß ich krank bin. *Mit Entsetzen in der Stimme:* Ich bin dann direkt zurechnungsfähig. Weißt du, was das bedeutet, Bruder, zurechnungsfähig? Ein zurechnungsfähiger Mensch ist ein Mensch, dem man alles zutrauen kann. Er ist zum Beispiel nicht mehr imstande, das Wohl seines Kindes im Auge zu behalten, er hat keinen Sinn für Freundschaft mehr, er ist bereit, über seine eigene Leiche zu gehen. Das ist, weil er eben zurechnungsfähig ist, wie es die Advokaten nennen.

MATTI: Tun Sie denn nichts gegen diese Anfälle?

PUNTILA: Bruder, ich tue dagegen, was ich überhaupt nur kann. Was überhaupt nur menschenmöglich ist! *Er ergreift sein Glas.* Hier, das ist meine einzige Medizin. Ich schlucke sie hinunter, ohne mit der Wimper zu zucken, und nicht nur kinderlöffelweise, das kannst du mir glauben. Wenn ich etwas von mir sagen kann, so ist es, daß ich gegen diese Anfälle von sinnloser Nüchternheit ankämpfe wie ein Mann. Aber was hilft es? Sie überwinden mich immer wieder. Nimm meine Rücksichtslosigkeit gegen dich, einen solchen Prachtmenschen! Da, nimm, da ist Rindsrücken. Ich möcht wissen, was für einem Zufall ich dich verdank. Wie bist du denn zu mir gekommen?

MATTI: Indem ich meine vorige Stelle ohne Schuld verloren hab.

13

PUNTILA: Wie ist das zugegangen?

MATTI: Ich hab Geister gesehen.

PUNTILA: Echte?

MATTI *zuckt die Achseln:* Auf dem Gut vom Herrn
Pappmann. Niemand hat gewußt, warum es da
spuken soll; vor ich hingekommen bin, hat's nie
gespukt. Wenn Sie mich fragen, ich glaub, es war,
weil schlecht gekocht worden ist. Warum, wenn den
Leuten der Mehlpapp schwer im Magen liegt, haben
sie schwere Träum, oft Alpdrücken. Ich vertrag's
besonders schlecht, wenn nicht gut gekocht wird. Ich
hab schon an Kündigung gedacht, aber ich hab nichts
anderes in Aussicht gehabt und war deprimiert, und
so hab ich düster gered't in der Küch, und es hat
auch nicht lang gedauert, da haben die Küchenmädchen auf den Zäunen abends Kinderköpf stecken
sehn, daß sie gekündigt haben. Oder eine graue
Kugel ist vom Kuhstall hergerollt am Boden, die
hat nach einem Kopf ausgesehn, so daß der Futtermeisterin, wie sie's von mir gehört hat, schlecht
geworden ist. Und das Stubenmädchen hat gekündigt, wie ich abends gegen elf Uhr einen schwärz-
lichen Mann bei der Badestub hab herumspazieren
sehn, mit'm Kopf unterm Arm, der mich um Feuer
für seine Stummelpfeif gebeten hat. Der Herr Pappmann hat mit mir herumgeschrien, daß ich schuld
bin und ihm die Leut vom Hof scheuch und bei ihm
gibt's keine Geister. Aber wie ich ihm gesagt hab,
daß er sich irrt und daß ich zum Beispiel in der
Zeit, wo die gnädige Frau zum Entbinden im Kran-
kenhaus war, in zwei Nächten hintereinander ein
weißes Gespenst hab aus dem Fenster zur Kammer

14

der Futtermeisterin kommen und in das Fenster vom Herr Pappmann selber hab einsteigen sehn, hat er nichts mehr sagen können. Aber er hat mich gekündigt. Wie ich gegangen bin, hab ich ihm gesagt, daß ich glaub, wenn er sorgt, daß sie auf dem Gut besser kochen, möchten die Geister mehr Ruh geben, weil sie den Geruch vom Fleisch zum Beispiel nicht vertragen solln.

PUNTILA: Ich seh, du hast deine Stell nur verloren, weil sie beim Gesinde am Essen gespart haben, das setzt dich nicht runter in meinen Augen, daß du gern ißt, so lang du meinen Traktor anständig fährst und nicht aufsässig bist und dem Puntila gibst, was des Puntila ist. Da ist genug da, fehlt's etwa an Holz im Wald? Da kann man doch einig werden, alle können mit dem Puntila einig werden. *Er singt:* „Warum mußt du prozessieren, liebes Kind? Da wir doch im Bette immer eines Sinns gewesen sind!" Wie gern tät der Puntila mit euch die Birken fällen und die Stein aus den Äckern graben und den Traktor dirigieren! Aber läßt man ihn? Mir haben sie von Anfang an einen harten Kragen umgelegt, daß ich mir schon zwei Kinne kaputtgerieben hab. Es paßt sich nicht, daß der Papa pflügt; es paßt sich nicht, daß der Papa die Mädchen kitzelt; es paßt sich nicht, daß der Papa mit den Arbeitern Kaffee trinkt! Aber jetzt paßt es mir nicht mehr, daß es sich nicht paßt, und ich fahr nach Kurgela und verlob meine Tochter mit dem Attaché, und dann sitz ich in Hemdsärmeln beim Essen und hab keinen Aufpasser mehr, denn die Klinckmann kuscht, die f ... ich und basta. Und euch leg ich zum

Lohn zu, denn die Welt ist groß, und ich behalt meinen Wald, und es reicht für euch und es reicht auch für den Herrn auf Puntila.

MATTI *lacht laut und lang, dann:* So ist es, beruhigen Sie sich nur, und den Herrn Oberrichter wecken wir auf, aber vorsichtig, sonst verurteilt er uns im Schrecken zu hundert Jahr.

PUNTILA: Ich möcht sicher sein, daß da keine Kluft mehr ist zwischen uns. Sag, daß keine Kluft ist!

MATTI: Ich nehm's als einen Befehl, Herr Puntila, daß keine Kluft ist!

PUNTILA: Bruder, wir müssen vom Geld reden.

MATTI: Unbedingt.

PUNTILA: Es ist aber niedrig, vom Geld reden.

MATTI: Dann reden wir nicht vom Geld.

PUNTILA: Falsch. Denn, frage ich, warum sollen wir nicht niedrig sein? Sind wir nicht freie Menschen?

MATTI: Nein.

PUNTILA: Na, siehst du. Und als freie Menschen können wir tun, was wir wollen, und jetzt wollen wir niedrig sein. Denn wir müssen uns eine Mitgift für mein einziges Kind herausreißen; dem heißt es jetzt ins Auge geschaut, kalt, scharf und betrunken. Ich seh zwei Möglichkeiten, ich könnt einen Wald verkaufen und ich könnt mich verkaufen. Was rätst du?

MATTI: Ich möcht nicht mich verkaufen, wenn ich einen Wald verkaufen könnt.

PUNTILA: Was, den Wald verkaufen? Du enttäuschst mich tief, Bruder. Weißt du, was ein Wald ist? Ist ein Wald etwa nur 10 000 Klafter Holz? Oder ist er eine grüne Menschenfreude? Und du willst eine grüne Menschenfreude verkaufen? Schäm dich!

MATTI: Dann das andre.

PUNTILA: Auch du, Brutus? Kannst du wirklich wollen, daß ich mich verkaufe?

MATTI: Wie wollens das machen: sich verkaufen?

PUNTILA: Frau Klinckmann.

MATTI: Auf Kurgela, wo wir hinfahren? Die Tante vom Attaché?

PUNTILA: Sie hat ein Faible für mich.

MATTI: Und der wollens Ihren Körper verkaufen? Das ist furchtbar.

PUNTILA: Absolut nicht. Aber was wird aus der Freiheit, Bruder? Aber ich glaub, ich opfer mich auf, was bin ich?

MATTI: Das ist richtig.

Der Richter wacht auf und sucht eine Klingel, die nicht vorhanden ist und die er schüttelt.

DER RICHTER: Ruhe im Gerichtssaal.

PUNTILA: Er meint, er ist im Gerichtssaal, weil er schläft. Bruder, du hast jetzt die Frage entschieden, was mehr wert ist, ein Wald wie mein Wald oder ein Mensch wie ich. Du bist ein wunderbarer Mensch. Da, nimm meine Brieftasche und zahl den Schnaps und steck sie ein, ich verlier sie nur. *Auf den Richter:* Aufheben, raustragen! Ich verlier alles, ich wollt, ich hätt nichts, das wär mir am liebsten. Geld stinkt, das merk dir. Das wär mein Traum, daß ich nichts hätt und wir gingen zu Fuß durch das schöne Finnland, oder höchstens mit einem kleinen Zweisitzer, das bissel Benzin würden sie uns überall pumpen, und ab und zu, wenn wir müd sind, gingen wir in eine Schenke wie die und tränken

ein Gläschen fürs Holzhacken, das könntst du mit
der linken Hand machen, Bruder.

Sie gehen ab. Matti trägt den Richter.

2

Eva

*Diele des Gutes Kurgela. Eva Puntila wartet auf ihren
Vater und ißt Schokolade. Der Attaché Eino Silakka
erscheint oben auf der Treppe. Er ist sehr schläfrig.*

EVA: Ich kann mir denken, daß Frau Klinckmann sehr
verstimmt ist.

DER ATTACHÉ: Meine Tante ist nie lang verstimmt.
Ich hab noch einmal telefoniert nach ihnen. Am Kir-
chendorf ist ein Auto vorbeigefahren mit zwei joh-
lenden Männern.

EVA: Das sind sie. Eines ist gut, ich kenne meinen
Vater unter Hunderten heraus. Ich hab immer gleich
gewußt, wenn von meinem Vater die Red war.
Wenn wo ein Mann mit einer Viehgeißel einem
Knecht nachgelaufen ist oder einer Häuslerwitwe
ein Auto geschenkt hat, war's mein Vater.

DER ATTACHÉ: Er ist hier nicht auf Puntila, enfin. Ich
fürcht nur den Skandal. Ich hab vielleicht keinen
Sinn für Zahlen und wieviel Liter Milch wir nach
Kaunas schicken können, ich trinke keine, aber ich
hab ein feines Gefühl, wenn was ein Skandal ist.

Wie der Attaché von der französischen Botschaft in London der Duchesse von Catrumple nach acht Cognacs über die Tafel zugerufen hat, daß sie eine Hur ist, hab ich sofort vorausgesagt, das wird ein Skandal. Und ich hab Recht bekommen. Ich glaub, jetzt kommen sie. Du, ich bin ein bissel müd. Ich frag mich, ob du mir verzeihen wirst, wenn ich mich zurückzieh? *Schnell ab.*

Großer Krach. Herein Puntila, der Richter und Matti.

PUNTILA: Da sind wir. Aber mach keine Umständ, weck niemand auf, wir trinken noch im intimen Kreis eine Flasche und gehn zu Bett. Bist du glücklich?

EVA: Wir haben euch schon vor drei Tagen erwartet.

PUNTILA: Wir sind aufgehalten worden unterwegs, aber wir haben alles mitgebracht. Matti, nimm den Koffer heraus, ich hoff, du hast ihn gut auf den Knien gehalten, daß nichts zerbrochen ist, sonst verdursten wir hier. Wir haben uns geeilt, weil wir gedacht haben, du wirst warten.

DER RICHTER: Darf man gratulieren, Eva?

EVA: Papa, du bist zu schlimm. Seit einer Woche sitz ich hier in einem fremden Haus, nur mit einem alten Roman und dem Attaché und seiner Tante, und wachse aus vor Langeweile.

PUNTILA: Wir haben uns beeilt, ich hab immer gedrängt und gesagt, wir dürfen uns nicht versitzen, ich hab mit dem Attaché noch was zu besprechen über die Verlobung, und ich war froh, daß ich dich bei dem Attaché gewußt hab, daß du jemand hast, während wir abgehalten waren. Gib auf den Koffer acht, Matti, daß kein Unglück damit passiert.

Mit unendlicher Vorsicht nimmt er zusammen mit Matti den Koffer herunter.

DER RICHTER: Hast du dich überworfen mit dem Attaché, weil du klagst, daß du mit ihm allein gelassen worden bist?

EVA: Oh, ich weiß nicht. Mit dem kann man sich nicht überwerfen.

DER RICHTER: Puntila, die Eva zeigt aber keine Begeisterung über das Ganze. Sie sagt dem Attaché nach, daß man sich nicht mit ihm überwerfen kann. Ich hab einmal eine Ehescheidungssache gehabt, da hat die Frau geklagt, weil ihr Mann ihr nie eine gelangt hat, wenn sie auf ihn mit der Lampe geschmissen hat. Sie hat sich vernachlässigt gefühlt.

PUNTILA: So. Das ist noch einmal glücklich gegangen. Was der Puntila anpackt, das glückt. Was, du bist nicht glücklich? Das versteh ich. Wenn du mich fragst, rat ich dir ab von dem Attaché. Das ist kein Mann.

EVA *da Matti dabeisteht und grinst:* Ich hab nur gesagt, ich zweifle, ob ich mich mit dem Attaché allein unterhalt.

PUNTILA: Das ist, was ich sag. Nimm den Matti. Mit dem unterhält sich jede.

EVA: Du bist unmöglich, Papa. Ich hab doch nur gesagt, ich zweifle. *Zu Matti:* Nehmen Sie den Koffer nach oben.

PUNTILA: Halt! Erst eine Flasche herausnehmen oder zwei. Ich muß mit dir noch bei einer Flasche besprechen, ob mir der Attaché paßt. Hast du dich wenigstens verlobt mit ihm?

EVA: Nein, ich hab mich nicht verlobt, wir haben nicht über solche Dinge gesprochen. *Zu Matti:* Lassen Sie den Koffer zu.

PUNTILA: Was, nicht verlobt? In drei Tagen? Was habt ihr denn dann gemacht? Mir gefällt das von dem Menschen nicht. Ich verlob mich in drei Minuten. Hol ihn herunter, und ich hol die Küchenmädchen und zeig ihm, wie ich mich wie der Blitz verlob. Gib die Flaschen heraus, den Burgunder, oder nein, den Likör.

EVA: Nein, jetzt trinkst du nicht mehr! *Zu Matti:* Tragen Sie den Koffer in mein Zimmer, das zweite rechts von der Treppe!

PUNTILA *alarmiert, da Matti den Koffer aufhebt:* Aber Eva, das ist nicht nett von dir. Deinem eigenen Vater kannst du doch nicht den Durst verwehren. Ich versprech dir, daß ich ganz ruhig mit der Köchin oder dem Stubenmädchen und dem Fredrik, der auch noch Durst hat, eine Flasche leer, sei menschlich.

EVA: Ich bin aufgeblieben, daß ich verhinder, daß du das Küchenpersonal aus'm Schlaf störst.

PUNTILA: Ich bin überzeugt, die Klinckmann, wo ist sie überhaupt? säß gern noch ein bissel mit mir, der Fredrik ist sowieso müd, dann kann er hinaufgehn, und ich besprech was mit der Klinckmann, das hab ich sowieso vorgehabt, wir haben immer ein Faible füreinander gehabt.

EVA: Ich wünschte, du nähmst dich ein wenig zusammen. Frau Klinckmann war wütend genug, daß du drei Tag zu spät ankommst, ich bezweifel, daß du sie morgen zu Gesicht bekommst.

PUNTILA: Ich werd bei ihr anklopfen und alles ordnen.

Ich weiß, wie ich sie behandel, davon verstehst du nichts, Eva.

EVA: Ich versteh nur, daß keine Frau mit dir sitzen wird, in dem Zustand! *Zu Matti:* Sie sollen den Koffer hinauftragen! Ich hab genug mit den drei Tagen.

PUNTILA: Eva, sei vernünftig. Wenn du dagegen bist, daß ich hinaufgeh, dann hol die kleine Rundliche, ich glaub, es ist die Haushälterin, dann besprech ich mit der was!

EVA: Treib's nicht zu weit, Papa, wenn du nicht willst, daß ich ihn selber hinauftrage und er mir die Treppe herunterfällt aus Versehen.

Puntila steht entsetzt. Matti trägt den Koffer weg. Eva folgt ihm.

PUNTILA *still:* So behandelt also ein Kind seinen Vater. *Er wendet sich erschüttert zum Gehen:* Fredrik, komm mit!

DER RICHTER: Was hast du denn vor, Johannes?

PUNTILA: Ich geh weg von hier, mir gefallt's nicht. Warum, ich hab mich beeilt und komm spät in der Nacht an und werd ich empfangen mit liebenden Armen? Ich erinner an den verlorenen Sohn, Fredrik, aber wie, wenn dann kein Kalb geschlachtet worden wär, sondern kalte Vorwürf? Ich geh weg von hier.

DER RICHTER: Wohin?

PUNTILA: Ich versteh nicht, wie du da fragen kannst. Siehst du nicht, daß ich von meiner eigenen Tochter keinen Schnaps bekomm? Daß ich raus muß in die Nacht und schaun, wer mir eine Flasche oder zwei gibt?

DER RICHTER: Nimm Vernunft an, Puntila, du kriegst keinen Schnaps nachts um halb drei Uhr. Der Ausschank oder Verkauf von Alkohol ohne Rezept ist gesetzlich verboten.

PUNTILA: Du verläßt mich auch? Ich bekomm keinen gesetzlichen Schnaps? Ich werd dir zeigen, wie ich gesetzlichen Schnaps bekomme, zur Tages- oder Nachtzeit.

EVA *zurück oben auf der Treppe:* Zieh sofort den Mantel wieder aus, Papa!

PUNTILA: Du bist ruhig, Eva, und ehrst deinen Vater und Mutter, daß du lange lebest auf Erden! Das ist ein schönes Haus, wo die Gedärme der Gäste zum Trocknen an die Leine gehängt werden sollen! Und ich krieg keine Frau! Ich werd dir zeigen, ob ich keine krieg! Der Klinckmann kannst du sagen, ich verzicht auf ihre Gesellschaft! Ich betracht sie als die törichte Jungfrau, die kein Öl in ihrer Lampe hat! Und jetzt fahr ich los, daß der Boden schallt und alle Kurven vor Schrecken grad werden. *Ab.*

EVA *herunterkommend:* Halten Sie den Herrn auf, Sie!

MATTI *erscheint hinter ihr:* Das ist zu spät. Er ist zu behendig.

DER RICHTER: Ich glaub, ich werd ihn nicht mehr abwarten. Ich bin nicht mehr so jung, wie ich war, Eva. Ich glaub nicht, daß er sich was tut. Er hat immer Glück. Wo ist mein Zimmer? *Geht nach oben.*

Eva: Das dritte von der Treppe. *Zu Matti:* Jetzt können wir aufbleiben und sorgen, daß er nicht mit den Dienstboten trinkt und sich mit ihnen gemein macht.

MATTI: Solche Vertraulichkeiten sind immer unange-

23

nehm. Ich war in einer Papiermühl, da hat der Portier gekündigt, weil der Herr Direktor ihn gefragt hat, wie's seinem Sohn geht.

EVA: Mein Vater wird sehr ausgenützt, weil er diese Schwäche hat. Er ist zu gut.

MATTI: Ja, das ist ein Glück für die Umgebung, daß er Zeiten hat, wo er sauft. Da wird er ein guter Mensch und sieht weiße Mäuse und möcht sie am liebsten streicheln, weil er so gut ist.

EVA: Ich mag nicht, daß Sie von Ihrem Herrn so reden. Und ich wünsche, daß Sie es nicht wörtlich nehmen, was er zum Beispiel über den Attaché sagt. Ich möcht nicht, daß Sie überall herumtragen, was er im Spaß gesagt hat.

MATTI: Daß der Attaché kein Mann ist? Darüber, was ein Mann ist, sind die Ansichten sehr verschieden. Ich war im Dienst bei einer Bierbrauerin, die hat eine Tochter gehabt, die hat mich in die Badestube gerufen, daß ich ihr einen Bademantel bring, weil sie so schamhaft war. „Bringen Sie mir einen Bademantel", hat sie gesagt und ist splitternackt dagestanden, „die Männer schauen her, wenn ich ins Wasser geh."

EVA: Ich versteh nicht, was Sie damit meinen.

MATTI: Ich mein nichts, ich red nur, daß die Zeit vergeht und daß ich Sie unterhalt. Wenn ich mit der Herrschaft red, mein ich nie was und hab überhaupt keine Ansichten, weils das nicht leiden können beim Personal.

EVA *nach einer kleinen Pause:* Der Attaché ist sehr angesehn beim diplomatischen Dienst und hat eine große Karriere vor sich, ich möcht, daß man das

24

weiß. Er ist einer der klügsten von den jüngeren Kräften.

MATTI: Ich versteh.

EVA: Was ich vorhin gemeint hab, wie Sie dabei gestanden sind, war nur, daß ich mich nicht so gut unterhalten hab, wie mein Vater gemeint hat. Natürlich kommt es überhaupt nicht darauf an, ob ein Mann unterhaltend ist.

MATTI: Ich hab einen Herrn gekannt, der war gar nicht unterhaltend und hat doch in Margarine und Fette eine Million gemacht.

EVA: Meine Verlobung ist seit langem geplant. Wir sind schon als Kinder zusammen gewesen. Ich bin nur ein vielleicht sehr lebhafter Mensch und langweil mich leicht.

MATTI: Und da zweifelns.

EVA: Das hab ich nicht gesagt. Ich begreif nicht, warum Sie mich nicht verstehen wollen. Sie sind wohl müd. Warum gehn Sie nicht schlafen?

MATTI: Ich leist Ihnen Gesellschaft.

EVA: Das brauchen Sie nicht. Ich wollte nur betonen, daß der Attaché ein intelligenter und gütiger Mensch ist, den man nicht nach dem Äußeren beurteilen darf oder danach, was er sagt oder was er tut. Er ist sehr aufmerksam zu mir und sieht mir jeden Wunsch von den Augen ab. Er würd nie eine vulgäre Handlung unternehmen oder vertraulich werden oder seine Männlichkeit zur Schau stellen. Ich schätz ihn sehr hoch. Aber vielleicht sind Sie schläfrig?

MATTI: Redens nur weiter, ich mach die Augen nur zu, daß ich mich besser konzentrier.

3

Puntila verlobt sich mit den Frühaufsteherinnen

Früher Morgen im Dorf. Holzhäuschen. Auf einem steht „Post", auf einem „Tierarzt", auf einem „Apotheke". In der Mitte des Platzes steht ein Telegrafenmast. Puntila ist mit seinem Studebaker auf den Telegrafenmast aufgefahren und beschimpft ihn.

PUNTILA: Straße frei im Tavastland! Aus dem Weg, du Hund von einem Mast, stell dich dem Puntila nicht in den Weg, wer bist du? Hast du einen Wald, hast du Kühe? Also siehst du?! Zurück! Wenn ich den Polizeimeister anruf und dich abführen laß als einen Roten, da bereust du's und willst es nicht gewesen sein! *Er steigt aus.* Höchste Zeit, daß du ausgewichen bist!

Er geht zu einem Häuschen und klopft an das Fenster. Die Schmuggleremma schaut heraus.

PUNTILA: Guten Morgen, gnädige Frau. Wie haben gnädige Frau geruht? Ich hab ein kleines Anliegen an die gnädige Frau. Ich bin nämlich der Großbauer Puntila aus Lammi und schweb in größter Sorg, denn ich muß gesetzlichen Alkohol für meine am Scharlach schwer erkrankten Küh auftreiben. Wo geruht der Herr Viehdoktor in Ihrem Dorf zu wohnen? Ich müßt dir dein ganzes Misthüttchen umschmeißen, wenn du mir nicht den Viehdoktor zeigst.

DIE SCHMUGGLEREMMA: Oje! Sie sind ja ganz außer

sich. Gleich hier liegt das Haus von unserm Viehdoktor. Aber hör ich recht, der Herr braucht Alkohol? Ich hab Alkohol, schönen, starken, ich mach
ihn selber.

PUNTILA: Heb dich weg, Weib! Wie kannst du mir
deinen ungesetzlichen Schnaps anbieten. Ich trink
nur gesetzlichen, einen anderen brächt ich gar nie
die Gurgel hinunter. Ich möcht lieber tot sein, als
zu denen gehören, die nicht die finnischen Gesetze
achten. Warum, ich mach alles, wie's im Gesetz geht.
Wenn ich einen totschlagen will, tät ich's im Rahmen
der Gesetze oder gar nicht.

DIE SCHMUGGLEREMMA: Gnädiger Herr, die Kränk
sollens kriegen von Ihrem gesetzlichen!

*Sie verschwindet in ihrer Hütte. Puntila läuft zum
Häuschen des Viehdoktors und klingelt. Der Viehdoktor schaut heraus.*

PUNTILA: Viehdoktor, Viehdoktor, find ich dich endlich! Ich bin der Großbauer Puntila aus Lammi und
hab 90 Kühe und alle 90 haben den Scharlach. Da
muß ich schnell gesetzlichen Alkohol haben.

DER VIEHDOKTOR: Ich glaub, Sie sind an die falsche
Stelle geraten und machen sich lieber im Guten wieder auf den Weg, Mann!

PUNTILA: Viehdoktor, enttäusch mich nicht, oder bist
du gar kein Viehdoktor, sonst wüßtest du, was man
dem Puntila im ganzen Tavastland gibt, wenn seine
Küh den Scharlach haben! Denn ich lüg nicht. Wenn
ich sagen tät, sie haben den Rotz, dann wär's eine
Lüg, aber wenn ich sag, es ist der Scharlach, dann
ist's ein feiner Wink zwischen Ehrenmännern.

DER VIEHDOKTOR: Und wenn ich den Wink nicht versteh?

PUNTILA: Dann würd ich vielleicht sagen: der Puntila ist der größte Raufer im ganzen Tavastland. Da gibt's schon ein Volkslied drüber. Drei Viehdoktoren hat er schon auf seinem Gewissen. Verstehst du jetzt, Herr Doktor?

DER VIEHDOKTOR *lachend:* Ja, jetzt versteh ich. Wenn Sie ein so mächtiger Mann sind, müssen Sie Ihr Rezept natürlich kriegen. Wenn ich nur sicher wär, daß es der Scharlach ist.

PUNTILA: Viehdoktor, wenn sie rote Flecken haben und zwei haben schon schwarze Flecken, ist das nicht die Krankheit in ihrer furchtbarsten Gestalt? Und das Kopfweh, das sie sicher haben, wenn sie schlaflos sind und sich hin und her wälzen die ganze Nacht und an nichts als an ihre Sünden denken!

DER VIEHDOKTOR: Da hab ich freilich die Pflicht, daß ich Erleichterung schaff. *Er wirft ihm das Rezept herunter.*

PUNTILA: Und die Rechnung schick mir nach Puntila in Lammi!

Puntila läuft zur Apotheke und klingelt stark. Während er wartet, tritt die Schmuggleremma aus ihrem Häuschen.

DIE SCHMUGGLEREMMA *singt beim Flaschenputzen:*

Als die Pflaumen reif geworden
Zeigt im Dorf sich ein Gespann
Früh am Tage, aus dem Norden
Kam ein schöner junger Mann.

Sie geht in ihr Häuschen zurück. Aus dem Fenster der Apotheke schaut das Apothekerfräulein.

DAS APOTHEKERFRÄULEIN: Reißen Sie uns nicht die Glocke herunter!

PUNTILA: Besser die Glocke herunter als lang gewartet! Kottkottkotttipptipptipp! Ich brauch Schnaps für 90 Kühe, mein Gutes! Du Rundes!

DAS APOTHEKERFRÄULEIN: Ich mein, Sie brauchen, daß ich den Polizisten ruf.

PUNTILA: Kindchen, Kindchen! Für einen Menschen wie den Puntila von Lammi die Polizisten! Was würd bei ihm einer nützen, es müßten schon mindestens zwei sein! Aber wozu Polizisten, ich lieb die Polizisten, sie haben größere Füß als sonst wer und fünf Zehn pro Fuß, denn sie sind für Ordnung, und ich lieb die Ordnung! *Er gibt ihr das Rezept.* Hier, mein Täubchen, ist Gesetz und Ordnung!

Das Apothekerfräulein holt den Schnaps. Während Puntila wartet, tritt die Schmuggleremma wieder aus ihrem Häuschen.

DIE SCHMUGGLEREMMA *singt:*

Als wir warn beim Pflaumenpflücken
Legte er sich in das Gras
Blond sein Bart, und auf dem Rücken
Sah er zu, sah dies und das.

Sie geht in ihr Häuschen zurück. Das Apothekerfräulein bringt den Schnaps.

DAS APOTHEKERFRÄULEIN *lacht:* Das ist aber eine

29

große Flasche. Hoffentlich kriegens auch genug Heringe für Ihre Küh am Tag drauf! *Sie gibt ihm die Flasche.*

PUNTILA: Gluck, Gluck, Gluckgluck, o du finnische Musik, du schönste der Welt! O Gott, fast hätt ich was vergessen! Jetzt hab ich den Schnaps und hab kein Mädchen! Und du hast keinen Schnaps und hast keinen Mann! Schöne Apothekerin, ich möcht mich mit dir verloben!

DAS APOTHEKERFRÄULEIN: Vielen Dank, Herr Puntila aus Lammi, aber ich verlob mich nur nach dem Gesetz mit einem Ring und einem Schluck Wein.

PUNTILA: Ich bin einverstanden, wenn du dich nur mit mir verlobst. Aber verloben mußt du dich, es ist hohe Zeit, denn was hast du schon für ein Leben! Ich möcht, daß du mir von dir erzählst, wie du bist, das muß ich doch wissen, wenn ich mich mit dir verlob!

DAS APOTHEKERFRÄULEIN: Ich? Ich hab so ein Leben: Studiert hab ich vier Jahr, und jetzt zahlt mir der Apotheker weniger als der Köchin. Den halben Lohn schick ich meiner Mutter nach Tavasthus, denn sie hat ein schwaches Herz, ich hab's von ihr geerbt. Jede zweite Nacht wach ich. Die Apothekerin ist eifersüchtig, weil der Apotheker mich belästigt. Der Doktor hat eine schlechte Handschrift, einmal hab ich schon die Rezepte vertauscht, und mit den Medikamenten verbrenn ich mir immer das Kleid, dabei ist die Wäsch so teuer. Einen Freund find ich nicht, der Polizeimeister und der Direktor vom Konsumverein und der Buchhändler sind alle verheiratet. Ich glaub, ich hab ein trauriges Leben.

PUNTILA: Siehst du? Also – halt dich an den Puntila! Da, nimm einen Schluck!

DAS APOTHEKERFRÄULEIN: Aber wo ist der Ring? Es heißt: ein Schluck Wein und ein Ring!

PUNTILA: Hast du denn keine Gardinenringe?

DAS APOTHEKERFRÄULEIN: Brauchen Sie einen oder mehrere?

PUNTILA: Viele, nicht einen, Mädchen. Der Puntila braucht von allem viel. Er möcht womöglich ein einzelnes Mädchen gar nicht merken. Verstehst du das?

Während das Apothekerfräulein eine Gardinenstange holt, tritt die Schmuggleremma wieder aus ihrem Häuschen.

DIE SCHMUGGLEREMMA *singt:*

Als wir eingekocht die Pflaumen
Macht er gnädig manchen Spaß
Und er steckte seinen Daumen
Lächelnd in so manches Faß.

Das Apothekerfräulein gibt Puntila die Ringe von der Gardinenstange.

PUNTILA *ihr einen Ring ansteckend:* Komm nach Puntila am Sonntag über acht Tage. Da ist große Verlobung.

Er läuft weiter. Das Kuhmädchen Lisu kommt mit dem Melkeimer.

PUNTILA: Halt, Täubchen! Dich muß ich haben. Wohin des Wegs so früh?

DAS KUHMÄDCHEN: Melken!

PUNTILA: Was, da sitzt du mit nichts als dem Eimer zwischen den Beinen? Willst du nicht einen Mann haben? Was hast du schon für ein Leben! Sag mir's, was du für ein Leben hast, ich interessier mich für dich!

DAS KUHMÄDCHEN: Ich hab so ein Leben: Um halb vier muß ich aufstehen, den Kuhstall ausmisten und die Kuh bürsten. Dann kommt das Melken und dann wasch ich die Milcheimer, mit Soda und scharfem Zeug, das brennt auf der Hand. Dann mist ich wieder aus und dann trink ich den Kaffee, aber der stinkt, der ist billig. Ich eß mein Butterbrot und schlaf ein bissel. Am Nachmittag koch ich mir Kartoffeln und eß Sauce dazu, Fleisch seh ich nie, vielleicht, daß mir die Haushälterin einmal ein Ei schenkt oder ich find eins. Dann kommt wieder das Mistkehren, das Kuhbürsten, das Melken und das Milchkannenwaschen. Ich muß im Tag 120 Liter herausmelken. Auf die Nacht eß ich Brot und Milch, davon krieg ich zwei Liter im Tag, aber das andre, was ich mir koch, kauf ich auf'm Gut. Frei hab ich jeden fünften Sonntag, aber abends geh ich manchmal zum Tanzen und wenn es schlimm geht, krieg ich ein Kind. Ich hab zwei Kleider, und ich hab auch ein Fahrrad.

PUNTILA: Und ich hab einen Hof und die Dampfmühle und das Sägewerk hab ich und gar keine Frau! Wie ist es mit dir, Täubchen? Da ist der Ring und einen Schluck nimm aus der Flasche und alles ist in Ordnung und gesetzlich. Komm nach Puntila am Sonntag über acht Tage, abgemacht?

DAS KUHMÄDCHEN: Abgemacht!

Puntila läuft weiter.

PUNTILA: Weiter, immer die Dorfstraße hinunter! Ich bin gespannt, wer alles schon auf ist. Da sind sie unwiderstehlich, wenn sie so aus den Federn kriechen, da sind die Augen noch blank und sündig, und die Welt ist noch jung.

Er kommt zur Telefonzentrale. Da steht Sandra, die Telefonistin.

PUNTILA: Guten Morgen, du Wache! Du bist doch die allwissende Frau, die alles durchs Telefon weiß. Guten Morgen, du!

DIE TELEFONISTIN: Guten Morgen, Herr Puntila. Was ist los schon so früh?

PUNTILA: Ich geh auf Freiersfüßen.

DIE TELEFONISTIN: Sie sind's doch, nach dem ich die halbe Nacht herumtelefoniert hab?

PUNTILA: Ja, du weißt alles. Und die halbe Nacht warst du auf, ganz allein! Ich möcht wissen, was du für ein Leben hast!

DIE TELEFONISTIN: Das kann ich Ihnen sagen, ich hab so ein Leben: Ich krieg 50 Mark, aber dafür darf ich nicht aus der Zentrale heraus seit 30 Jahren. Hinterm Haus hab ich ein bissel Kartoffelland und da krieg ich die Kartoffeln her, den Strömling kauf ich mir dazu, aber der Kaffee wird immer teurer. Was es im Dorf gibt, und auch außerhalb, weiß ich alles. Sie würden sich wundern, was ich weiß. Ich bin nicht geheiratet worden deswegen. Ich bin die Sekretärin im Arbeiterklub, mein Vater ist Schuster gewesen. Telefonstecken, Kartoffelkuchen und Alleswissen, das ist mein Leben.

PUNTILA: Da ist es Zeit, daß du ein andres kriegst.

Und schnell muß es gehn. Gleich schick ein Telegramm ins Hauptamt, daß du den Puntila aus Lammi heiratest! Hier hast du den Ring und da ist der Schnaps, alles gesetzlich, und am Sonntag über acht Tage kommst du nach Puntila!

DIE TELEFONISTIN *lachend:* Ich werd da sein. Ich weiß schon, daß Sie für Ihre Tochter eine Verlobung machen.

PUNTILA *zur Schmuggleremma:* Und Sie haben wohl gehört, daß ich mich allgemein verlob hier, gnädige Frau, und ich hoff, Sie werden nicht fehlen.

DIE SCHMUGGLEREMMA UND DAS APOTHEKERFRÄULEIN *singen:*

Als das Pflaumenmus wir aßen
War er lang auf und davon
Aber, glaubt uns, nie vergaßen
Wir den schönen jungen Mann.

PUNTILA: Und ich fahr weiter und um den Teich und durch die Tannen und komm zur rechten Zeit auf'n Gesindemarkt. Kottkottkotttipptipptipp! Oh, ihr Mädchen vom Tavastland, all die früh aufgestanden sind, jahrelang umsonst, bis der Puntila kommt und da hat sich's gelohnt. Her, alle! Her, alle ihr Herdanzünderinnen in der Früh und ihr Rauchmacherinnen, kommt barfuß, das frische Gras kennt eure Schritt und der Puntila hört sie!

4

Der Gesindemarkt

Gesindemarkt auf dem Dorfplatz von Lammi. Puntila
und Matti suchen Knechte aus. Jahrmarktsmusik und
viele Stimmen.

PUNTILA: Ich hab mich schon gewundert über dich, daß
du mich allein hast wegfahren lassen von Kurgela,
aber daß du nicht einmal gewacht hast, bis ich zu-
rückkomm, und ich dich aus der Bettstatt ziehen
hab müssen, daß wir auf'n Gesindemarkt fahren,
das vergeß ich nicht so leicht. Das ist nicht besser
wie die Jünger am Ölberg, halts Maul, ich weiß
eben jetzt, dich muß man im Aug behalten. Du hast
es für deine Bequemlichkeit ausgenützt, daß ich ein
Glas zuviel getrunken hab.

MATTI: Jawohl, Herr Puntila.

PUNTILA: Ich will mich nicht mit dir herumstreiten,
dazu fühl ich mich zu angegriffen, ich sag's dir im
Guten, sei bescheiden, es dient zu deinem eigenen
Besten. Mit der Begehrlichkeit fängt es an, und im
Kittchen endet es. Einen Dienstboten, dem die Augen herausquellen vor Gier, wenn er zum Beispiel
sieht, was die Herrschaft ißt, kann kein Brotgeber
leiden. Einen Bescheidenen behält man im Dienst,
warum nicht? Wenn man sieht, daß er sich abrackert,
drückt man ein Auge zu. Aber wenn er nur immer
Feierabend haben will und Braten so groß wie Abort-
deckel, ekelt er einen einfach an und raus mit ihm!
Du möchtest es freilich umgekehrt haben.

MATTI: Jawohl, Herr Puntila. Im „Helsinki Sanomat", in der Sonntagsbeilag, hab ich einmal gelesen, daß die Bescheidenheit ein Zeichen von Bildung ist. Wenn einer zurückhaltend ist und seine Leidenschaften zügelt, kann er's weit bringen. Der Kotilainen, dem die drei Papierfabriken bei Viborg gehören, soll der bescheidenste Mensch sein. Solln wir jetzt mit dem Aussuchen anfangen, bevor sie uns die besten wegschnappen?

PUNTILA: Ich muß kräftige haben. *Einen großen Mann betrachtend:* Der ist nicht schlecht und hat ungefähr den Bau. Seine Füß gefallen mir nicht. Du sitzt lieber herum, was? Seine Arm sind nicht länger als die von dem da, der doch kürzer ist, aber dem seine sind ungewöhnlich lang. *Zu dem Kleineren:* Wie bist du zum Torfstechen?

EIN DICKER MANN: Sehen Sie nicht, daß ich mit dem Mann verhandel?

PUNTILA: Ich verhandel auch mit ihm. Ich wünsch, daß Sie sich nicht einmischen.

DER DICKE: Wer mischt sich ein?

PUNTILA: Stellens mir keine unverschämten Fragen, ich vertrag's nicht. *Zu dem Arbeiter:* Ich geb auf Puntila für den Meter eine halbe Mark. Du kannst dich am Montag melden. Wie heißt du?

DER DICKE: Das ist eine Flegelhaftigkeit. Ich steh und besprich, wie ich den Mann mit seiner Familie unterbringe, und Sie angeln dazwischen. Gewisse Leute sollten überhaupt nicht auf den Markt gelassen werden.

PUNTILA: Ah, du hast eine Familie? Ich kann alle brauchen, die Frau kann aufs Feld, ist sie kräftig? Wieviel Kinder sind's? Wie alt?

DER ARBEITER: Drei sind's. Acht, elf und zwölf. Das älteste ein Mädchen.

PUNTILA: Die ist gut für die Küche. Ihr seid wie geschaffen für mich. *Zu Matti, daß der Dicke es hören kann:* Was sagst du, wie die Leut sich heutzutage benehmen?

MATTI: Ich bin sprachlos.

DER ARBEITER: Wie ist's mit dem Wohnen?

PUNTILA: Wohnen werdet ihr fürstlich, dein Dienstbuch schau ich im Café durch, stell dich da an die Hausmauer. *Zu Matti:* Den da drüben möcht ich nach'm Körperbau nehmen, aber seine Hose ist mir zu fein, der packt nicht zu. Auf die Kleider mußt du besonders schauen, zu gut, und sie sind sich zu gut für die Arbeit; zu zerrissen, und sie haben einen schlechten Charakter. Ich durchschau einen mit einem Blick, was in ihm ist, auf's Alter schau ich am wenigsten, die Alten tragen gradsoviel oder mehr, weils nicht weggeschickt werden wollen, die Hauptsach ist mir der Mensch. Krumm soll er nicht grad sein, aber auf Intelligenz geb ich nichts, die rechnen den ganzen Tag die Arbeitsstunden aus. Das mag ich nicht, ich will in einem freundlichen Verhältnis zu meinen Leuten stehn! Ein Kuhmädchen möcht ich mir auch anschaun, erinner mich. Aber zuvor such noch einen Knecht aus oder zwei, daß ich die Auswahl hab, ich muß noch telefonieren. *Ab ins Café.*

MATTI *spricht einen rothaarigen Arbeiter an:* Wir suchen einen Arbeiter für Puntila, zum Torfstechen. Ich bin aber nur der Chauffeur und hab nichts zu sagen, der Alte ist telefonieren gegangen.

DER ROTHAARIGE: Wie ist es da auf Puntila?

MATTI: Mittel. Vier Liter Milch. Die ist gut. Kartoffeln geben sie, hör ich, auch. Die Kammer ist nicht groß.

DER ROTHAARIGE: Wie weit ist die Schul? Ich hab eine Kleine.

MATTI: Eineinviertel Stund.

DER ROTHAARIGE: Das ist nichts bei gutem Wetter.

MATTI: Im Sommer nicht.

DER ROTHAARIGE *nach einer Pause:* Ich hätt die Stell gern, ich hab nichts Besonderes gefunden, und es wird schon bald Schluß hier.

MATTI: Ich werd mit ihm reden. Ich werd ihm sagen, du bist bescheiden, das mag er, und nicht krumm, und er hat inzwischen „telefoniert" und ist umgänglicher. Da ist er.

PUNTILA *gut gelaunt aus dem Café kommend:* Hast du was gefunden? Ein Ferkel will ich auch noch heimnehmen, eins für 12 Mark oder so, erinner mich.

MATTI: Der da ist was. Ich hab mich erinnert an was Sie mich gelehrt haben und ihn danach ausgefragt. Die Hosen flickt er, er hat nur keinen Zwirn gekriegt.

PUNTILA: Der ist gut, der ist feurig. Komm mit ins Café, wir besprechen's.

MATTI: Es müßt nur klappen, Herr Puntila, weil's schon bald Schluß ist, und da find't er nichts anderes mehr.

PUNTILA: Warum sollt's nicht klappen, unter Freunden? Ich verlaß mich auf deinen Blick, Matti, da fahr ich gut. Ich kenn dich und schätz dich. *Zu einem kümmerlichen Mann:* Der wär auch nicht schlecht,

dem sein Aug gefällt mir. Ich brauch Leut zum Torfstechen, aber es kann auch aufs Feld sein. Komm
mit, wir besprechen's.

MATTI: Herr Puntila, ich will Ihnen nicht dreinreden,
aber der Mann ist nichts für Sie, er halt's nicht aus.

DER KÜMMERLICHE: Hat man so was gehört? Woher
weißt du, daß ich's nicht aushalt?

MATTI: Elfeinhalb Stunden im Sommer. Ich möcht nur
eine Enttäuschung verhüten, Herr Puntila. Nachher müssens ihn wieder wegjagen, wenn er's nicht
aushalten kann oder Sie ihn morgen sehen.

PUNTILA: Gehn wir ins Café!

*Der erste Arbeiter, der Rothaarige und der Kümmer-
liche folgen ihm und Matti vor das Café, wo sich alle
auf die Bank setzen.*

PUNTILA: Hallo, Kaffee! Bevor wir anfangen, muß ich
eine Sach mit meinem Freund ins reine bringen.
Matti, du wirst es vorher gemerkt haben, daß ich
beinah wieder einen von meine Anfäll gekriegt
habe, von denen ich dir erzählt habe, und ich hätt's
durchaus verstanden, wenn du mir eine geschmiert
hättst, wie ich dich so schwach angeredet hab.
Kannst du mir's verzeihen, Matti? Ich kann mich
überhaupt nicht dem Geschäft widmen, wenn ich
denken muß, es hat zwischen uns etwas gegeben.

MATTI: Das ist schon lang vergessen. Am besten, wir
berühren's nicht. Die Leut wolln gern ihren Kontrakt haben, wenn Sie das zuerst erledigen würden.

PUNTILA *schreibt etwas auf einen Zettel für den ersten
Arbeiter:* Ich versteh dich, Matti, du lehnst mich
ab. Du willst mir's heimzahlen und bist kalt und

geschäftsmäßig. *Zum Arbeiter:* Ich schreib auf, was
wir ausgemacht haben, auch für die Frau. Ich geb
Milch und Mehl, im Winter Bohnen.

MATTI: Und jetzt das Handgeld, vorher ist's kein
Kontrakt.

PUNTILA: Dräng mich nicht. Laß mich meinen Kaffee
in Ruh trinken. *Zur Kellnerin:* Noch einen, oder
bringen Sie uns eine große Kanne, wir bedienen
uns selber. Schau, was sie für eine stramme Person
ist! Ich kann diesen Gesindemarkt nicht ausstehn.
Wenn ich Pferd und Küh kauf, geh ich auf'n Markt
und denk mir nichts dabei. Aber ihr seid Menschen,
und das sollt's nicht geben, daß man die auf dem
Markt aushandelt. Hab ich recht?

DER KÜMMERLICHE: Freilich.

MATTI: Erlaubens, Herr Puntila, Sie haben nicht
recht. Die brauchen Arbeit, und Sie haben Arbeit,
und das wird ausgehandelt, ob's ein Markt ist oder
eine Kirche, es ist immer ein Markt. Und ich wollt,
Sie machen's schnell ab.

PUNTILA: Du bist heut bös mit mir. Drum gibst du
mir nicht recht in einer so offenbaren Sach. Schaust
du mich an, ob ich grade Füße hab, als ob du einem
Gaul ins Maul schaust?

MATTI *lacht:* Nein, ich nehm Sie auf Treu und Glauben. *Von dem Rothaarigen:* Er hat eine Frau, aber
die Kleine muß noch in die Schul.

PUNTILA: Ist sie nett? Da ist der Dicke wieder. So
einer, wenn er so auftritt, das macht das böse Blut
unter die Arbeiter, warum, er kehrt den Herrn heraus. Ich wett, er ist im Nationalen Schutzkorps
und zwingt seine Leut, daß sie am Sonntag unter

seinem Kommando exerzieren, daß sie die Russen besiegt. Was meint ihr?

DER ROTHAARIGE: Meine Frau könnt waschen. Sie schafft in einem halben Tag, was andere nicht in einem ganzen schaffen.

PUNTILA: Matti, ich merk, es ist noch nicht alles vergessen und begraben zwischen uns. Erzähl die Geschicht von den Geistern, die wird die amüsieren.

MATTI: Nachher. Regelns endlich das Handgeld! Ich sag Ihnen, es wird spät. Sie halten die Leut auf.

PUNTILA *trinkend:* Und ich tu's nicht. Ich laß mich nicht zu einer Unmenschlichkeit antreiben. Ich will meinen Leuten näher kommen, bevor wir uns aneinander binden. Ich muß ihnen zuerst sagen, was ich für einer bin, damit sie wissen, ob sie mit mir auskommen. Das ist die Frage, was bin ich für einer?

MATTI: Herr Puntila, lassens mich Ihnen versichern, keiner will das wissen, aber einen Kontrakt wollens. Ich rat Ihnen zu dem Mann da – *auf den Rothaarigen zeigend* –, er ist vielleicht geeignet, und jetzt könnens das noch sehn. Und Ihnen rat ich, suchen Sie sich was anderes, Sie holen sich nicht das trockene Brot raus beim Torfstechen.

PUNTILA: Da drüben geht der Surkkala. Was macht denn der Surkkala auf dem Gesindemarkt?

MATTI: Er sucht eine Stell. Sie haben doch dem Probst versprochen, daß Sie ihn hinausschmeißen, weil er ein Roter sein soll.

PUNTILA: Was, den Surkkala? Den einzigen intelligenten Menschen von meinen Häuslern! Zehn Mark Handgeld wirst du ihm hinüberbringen, sofort, er soll herkommen, wir nehmen ihn mit'm Studebaker

41

zurück, das Rad binden wir hinten rauf und keine Dummheiten mehr mit Woandershingehn. Vier Kinder hat er auch, was möcht der von mir denken? Der Probst soll mich am Arsch lecken, dem verbiet ich mein Haus wegen Unmenschlichkeit, der Surkkala ist ein prima Arbeiter.

MATTI: Ich geh gleich rüber, es eilt nicht, er find't kaum was mit seinem Ruf. Ich möcht nur, daß Sie hier erst die Leut abfertigen, aber ich glaub, Sie haben's überhaupt nicht ernstlich vor und wollen sich nur unterhalten.

PUNTILA *schmerzlich lächelnd:* So siehst du mich also, Matti. Du hast mich wenig begriffen, wiewohl ich dir Gelegenheit gegeben hab!

DER ROTHAARIGE: Würdens vielleicht meinen Kontrakt jetzt schreiben? Es wird sonst Zeit, daß ich nach was such.

PUNTILA: Die Leut scheuchst du von mir fort, Matti. In deiner tyrannischen Weis zwingst du mich, daß ich gegen meine Natur handel. Aber ich werd dich noch überzeugen, daß der Puntila ganz anders ist. Ich kauf nicht Menschen ein kalten Bluts, sondern ich geb ihnen ein Heim auf Puntila. Ist es so?

DER ROTHAARIGE: Dann geh ich lieber. Ich brauch eine Stell. *Ab.*

PUNTILA: Halt! Jetzt ist er weg. Den hätt ich brauchen können. Seine Hosen sind mir egal, ich schau tiefer. Ich bin nicht dafür, daß ich einen Handel abschließ, wenn ich auch nur ein Glas getrunken hab, keine Geschäfte, wenn man lieber singen möchte, weil das Leben schön ist. Wenn ich denk, wie wir heimfahren werden, ich seh Puntila am liebsten am Abend, wegen der Birken, wir müssen noch was trinken. Da habt ihr was zum Trinken, seid lustig mit dem Puntila, ich seh's gern und rechn nicht nach, wenn ich mit angenehmen Leuten sitz. *Er gibt schnell jedem eine Mark. Zu dem Kümmerlichen:* Laß dich nicht verjagen, er hat was gegen mich, du hältst schon aus, ich nehm dich in die Dampfmühle, an einen leichten Platz.

MATTI: Warum dann keinen Kontrakt machen für ihn?

PUNTILA: Wozu? Wo wir uns jetzt kennen! Ich geb euch mein Wort, daß es in Ordnung geht. Wißt ihr, was das ist, das Wort von einem tavastländischen Bauern? Der Hatelmaberg kann einstürzen, es ist nicht wahrscheinlich, aber er kann, das Schloß in Tavasthus kann zusammenfalln, warum nicht, aber das Wort von einem tavastländischen Bauern steht, das ist bekannt. Ihr könnt mitkommen.

DER KÜMMERLICHE: Ich dank schön, Herr Puntila, ich komm gewiß mit.

MATTI: Statt daß du dich auf die Flucht machst! Ich hab nichts gegen Sie, Herr Puntila, mir ist's nur wegen der Leut.

PUNTILA *herzlich:* Das ist ein Wort, Matti. Ich hab gewußt, du bist nicht nachtragend. Und ich schätz deine aufrichtige Art und wie du auf mein Bestes aus bist. Aber der Puntila kann sich's leisten, daß er selber auf sein Schlechtestes aus ist, das mußt du erst lernen. Aber ich möcht, Matti, daß du mir immer deine Meinung sagst. Versprich mir's. *Zu den anderen:* In Tammerfors hat er eine Stelle verlorn, weil er dem Direktor, wie er chauffiert hat und den

Gang herausgerissen hat, daß er kreischt, gesagt hat, er hätt Henker werden solln.

MATTI: Das ist eine Dummheit von mir gewesen.

PUNTILA *ernst:* Ich acht dich wegen solcher Dummheiten.

MATTI *steht auf:* Dann gehn wir also. Und was ist's mit dem Surkkala?

PUNTILA: Matti, Matti, du Kleingläubiger! Hab ich dir nicht gesagt, wir nehmen ihn mit zurück als einen prima Arbeiter und einen Menschen, der selbständig denkt? Und das erinnert mich an den Dikken von vorhin, der mir hat die Leut wegfischen wollen. Mit dem hab ich noch ein Wörtlein zu reden, das ist ein typischer Kapitalist.

5

Skandal auf Puntila

Hof auf dem Gut Puntila mit einer Badehütte, in die man Einblick hat. Es ist Vormittag. Über der Tür ins Gutshaus nageln Laina, die Köchin, und Fina, das Stubenmädchen, ein Schild „Willkommen zur Verlobung" an.
Durchs Hoftor kommen Puntila und Matti mit einigen Waldarbeitern, darunter der rote Surkkala.

LAINA: Willkommen zurück auf Puntila. Das Fräulein Eva und der Herr Attaché und der Herr Oberlandesrichter sind schon eingetroffen und beim Frühstück.

44

PUNTILA: Das erste, was ich tun möcht, ist, daß ich mich bei dir und deiner Familie entschuldig, Surkkala. Ich möcht dich bitten, geh und hol die Kinder, alle vier, damit ich ihnen persönlich mein Bedauern ausdrück für die Angst und die Unsicherheit, in der sie geschwebt haben müssen.

SURKKALA: Das ist nicht nötig, Herr Puntila.

PUNTILA *ernst*: Ja, das ist nötig.

Surkkala geht.

PUNTILA: Die Herren bleiben. Holens ihnen einen Aquavit, Laina, ich möcht sie für die Waldarbeit einstellen.

LAINA: Ich hab gedacht, Sie verkaufen den Wald.

PUNTILA: Ich? Ich verkauf keinen Wald. Meine Tochter hat ihre Mitgift zwischen ihre Schenkel, hab ich recht?

MATTI: Dann könnten wir vielleicht jetzt das Handgeld geben, Herr Puntila, damit Sie's aus'm Kopf haben.

PUNTILA: Ich geh in die Sauna. Fina, bringens den Herrn 'nen Aquavit und mir 'nen Kaffee. *Er geht in die Sauna.*

DER KÜMMERLICHE: Meinst du, danach stellt er mich ein?

MATTI: Nicht, wenn er nüchtern ist und dich sieht.

DER KÜMMERLICHE: Aber wenn er besoffen ist, macht er doch keine Kontrakte.

MATTI: Ich hab euch gewarnt, daß ihr nicht herkommt, bevor ihr den Kontrakt habt.

Fina bringt Aquavit, und die Arbeiter nehmen sich jeder ein Gläschen.

DER ARBEITER: Wie ist er sonst?

MATTI: Zu vertraulich. Für euch wär's Wurst, ihr seid im Wald, aber mich hat er im Wagen, ich bin ihm ausgeliefert, und vor ich mich umschau, wird er menschlich, ich werd kündigen müssen.

Surkkala kommt zurück mit seinen vier Kindern. Die Älteste trägt das Kleinste.

MATTI *leise:* Um Gotteswillen, verschwindets auf der Stell. Bis er aus'm Bad kommt und seinen Kaffee gesoffen hat, ist er stocknüchtern, und wehe, wenn er euch da noch auf'm Hof sieht. Ich rat euch, kommts ihm die nächsten zwei Tag nicht unter die Augen.

Surkkala nickt und will mit seinen Kindern schnell abgehen.

PUNTILA *der sich entkleidet, dabei gelauscht und das letzte nicht gehört hat, schaut aus der Badehütte und sieht Surkkala und die Kinder:* Ich komm gleich zu euch! Matti, komm herein, ich brauch dich zum Wasserübergießen. *Zum Kümmerlichen:* Du kannst mit herein, dich möcht ich näher kennenlernen.

Matti und der Kümmerliche folgen Puntila in die Badehütte. Matti gießt Wasser über Puntila aus. Surkkala geht mit seinen Kindern schnell weg.

PUNTILA: Ein Kübel ist genug, ich haß Wasser.

MATTI: Noch ein paar Eimer müssens aushalten, dann einen Kaffee und Sie können die Gäste begrüßen.

PUNTILA: Ich kann sie auch so begrüßen. Du willst mich nur schikanieren.

46

DER KÜMMERLICHE: Ich glaub auch, daß es genug ist.
Der Herr Puntila kann das Wasser nicht aushalten,
das seh ich.

PUNTILA: Siehst du, Matti, so redet einer, der ein
Herz für mich hat. Ich möcht, daß du ihm erzählst,
wie ich den Dicken abgefertigt hab auf'm Gesindemarkt.

Fina kommt herein.

PUNTILA: Da ist ja das goldene Geschöpf mit dem
Kaffee! Ist er stark? Ich möcht einen Likör dazu
haben.

MATTI: Wozu brauchens dann den Kaffee? Sie kriegen keinen Likör.

PUNTILA: Ich weiß, du bist jetzt bös mit mir, weil ich
die Leut warten laß, du hast recht. Aber erzähl
die Geschicht von dem Dicken. Die Fina soll's auch
hören. *Erzählt:* So ein dicker, unangenehmer Mensch,
mit Pickeln, ein richtiger Kapitalist, der mir einen
Arbeiter hat abspenstig machen wolln. Ich hab ihn
gestellt, aber wie wir zum Auto kommen, hat er
daneben seinen Einspänner stehen gehabt. Erzähl
du weiter, Matti, ich muß meinen Kaffee trinken.

MATTI: Er hat sich gegiftet, wie er den Herrn Puntila
gesehen hat, und die Geißel genommen und auf
seinen Gaul eingehaut, daß der hochgestiegen ist.

PUNTILA: Ich kann Tierschinder nicht ausstehen.

MATTI: Der Herr Puntila hat den Gaul beim Zügel
genommen und ihn beruhigt und dem Dicken seine
Meinung gesagt, und ich hab schon geglaubt, er
kriegt eine mit der Geißel über, aber das hat der
Dicke sich nicht getraut, weil wir mehr waren. Er

hat also was von ungebildete Menschen gemurmelt und vielleicht gedacht, wir hören's nicht, aber der Herr Puntila hat ein feines Gehör, wenn er einen Typ nicht leiden kann, und hat ihm gleich geantwortet, ob er so gebildet ist, daß er weiß, wie man am Schlagfluß stirbt, wenn man zu dick ist.

PUNTILA: Erzähl, wie er rot geworden ist wie ein Puter und vor Wut nicht hat witzig antworten können vor die Leut.

MATTI: Er ist rot geworden wie ein Puter, und der Herr Puntila hat ihm gesagt, daß er sich ja nicht aufregen darf, das ist schlecht für ihn, weil er ungesundes Fett hat. Er darf nie rot werden im Gesicht, das zeigt, daß ihm das Blut ins Gehirn steigt, und das muß er vermeiden wegen seiner Leibeserben.

PUNTILA: Du hast vergessen, daß ich es hauptsächlich zu dir hingesprochen hab, daß wir ihn nicht aufregen dürfen und ihn schonen sollen. Das hat ihm besonders gestunken, hast du's bemerkt?

MATTI: Wir haben über ihn geredet, als ob er gar nicht dabei wär, und die Leut haben immer mehr gelacht, und er ist immer röter geworden. Eigentlich ist er erst jetzt wie ein Puter geworden, vorher war er eher nur wie ein ausgebleichter Ziegelstein. Es war ihm zu gönnen, warum muß er auf seinen Gaul einhaun? Ich hab einmal erlebt, wie einer vor Wut, weil ihm ein Billett aus'm Hutband gefallen ist, wo er's hineingesteckt hat, damit er's nicht verliert, seinen eigenen Hut mit Füßen zertrampelt hat in einem gesteckt vollen Zugkupee.

PUNTILA: Du hast den Faden verloren. Ich hab ihm auch gesagt, daß jede körperliche Anstrengung, wie mit Geißeln auf Gäul einhaun, für ihn Gift ist. Schon deshalb darf er seine Tier nicht schlecht behandeln, er nicht.

FINA: Man soll's überhaupt nicht.

PUNTILA: Dafür sollst du einen Likör haben, Fina. Geh, hol einen.

MATTI: Sie hat den Kaffee. Jetzt müssens sich doch schon besser fühlen, Herr Puntila?

PUNTILA: Ich fühl mich schlechter.

MATTI: Ich hab's dem Herrn Puntila hoch angerechnet, daß er den Kerl gestraft hat. Warum, er hätt sich auch sagen können: was geht's mich an? Ich mach mir keine Feinde in der Nachbarschaft.

PUNTILA *der langsam nüchterner wird:* Ich fürcht keine Feinde.

MATTI: Das ist wahr. Aber wer kann das schon von sich sagen? Sie können's. Ihre Stuten könnens auch woanders hinschicken.

FINA: Warum die Stuten woanders hinschicken?

MATTI: Ich hab nachher gehört, der Dicke ist der, der Summala gekauft hat, und die haben den einzigen Hengst auf 800 Kilometer, der für unsere Stuten in Frage kommt.

FINA: Dann war's der neue Herr auf Summala! Und das habt ihr erst nachher erfahren?

Puntila steht auf und geht hinter, wo er sich noch einen Eimer Wasser über den Kopf gießt.

MATTI: Wir haben's nicht nachher erfahren. Der Herr Puntila hat's gewußt. Er hat dem Dicken noch zugerufen, sein Hengst ist ihm zu verprügelt für unsere Stuten. Wie habens das doch ausgedrückt?

PUNTILA *einsilbig:* Irgendwie eben.

MATTI: Irgendwie war's nicht, sondern witzig.

FINA: Aber das wird ein Kreuz, wenn wir die Stuten so weit schicken müssen zum Bespringen!

PUNTILA *finster:* Noch einen Kaffee.

Er bekommt ihn.

MATTI: Die Tierliebe ist eine hervorstehende Eigenschaft beim Tavastländer, hör ich. Darum hab ich mich so gewundert bei dem Dicken. Ich hab nachher noch gehört, er ist der Schwager von der Frau Klinckmann. Ich bin überzeugt, daß der Herr Puntila, wenn er auch das noch gewußt hätt, ihn sogar noch mehr hergenommen hätt.

Puntila blickt auf ihn.

FINA: War der Kaffee stark genug?

PUNTILA: Frag nicht so dumm. Du siehst doch, daß ich ihn getrunken hab. *Zu Matti:* Kerl, sitz nicht herum, faulenz nicht, putz Stiefel, wasch den Wagen, der wird wieder ausschaun wie eine Mistfuhr. Widersprich nicht, und wenn ich dich beim Ausstreun von Klatsch und übler Nachred erwisch, schreib ich dir's ins Zeugnis, das merk dir. *Finster hinaus im Bademantel.*

FINA: Warum habens ihn auch den Auftritt mit dem dicken Herrn auf Summala machen lassen?

MATTI: Bin ich sein Schutzengel? Ich seh ihn eine großzügige und anständige Handlung begehn, eine Dummheit, weil gegen seinen Vorteil, und da soll ich ihn abhalten? Ich könnt's gar nicht. Wenn er so besoffen ist, hat er ein echtes Feuer in sich. Er würd mich einfach verachten, und wenn er besoffen ist, möcht ich nicht, daß er mich verachtet.

PUNTILA *ruft von draußen:* Fina.

Fina folgt ihm mit seinen Kleidern.

PUNTILA *zu Fina:* Hören Sie zu, was ich für eine Entscheidung treff, sonst wird mir hinterher das Wort im Mund herumgedreht, wie üblich. *Auf einen der Arbeiter zeigend:* Den da hätt ich genommen, er will sich nicht bei mir beliebt machen, sondern arbeiten, aber ich hab mir's überlegt, ich nehm keinen. Den Wald verkauf ich überhaupt, und zuschreiben könnt ihr's dem da drin, der mich wissentlich im unklaren gelassen hat über etwas, das ich hätt wissen müssen, der Lump! Und das bringt mich auf was anderes. *Ruft:* He du! *Matti tritt aus der Badehütte.* Ja du! Gib mir deine Jacke. Deine Jacke sollst du mir hergeben, hörst du? *Er erhält Mattis Jacke.* Ich hab dich, Bürschel. *Zeigt ihm die Brieftasche.* Das find ich in deiner Jackentasche. Ich habe geahnt, auf den ersten Blick hab ich dir die Zuchthauspflanze angesehn. Ist das meine Brieftasche oder nicht?

MATTI: Jawohl, Herr Puntila.

PUNTILA: Jetzt bist du verloren, zehn Jahre Zuchthaus, ich brauch bloß an der Station anrufen.

MATTI: Jawohl, Herr Puntila.

PUNTILA: Aber den Gefallen tu ich dir nicht. Daß du dich in eine Zelle flaggen, faulenzen und das Brot vom Steuerzahler fressen kannst, wie? Das könnt dir passen. Jetzt in der Ernte! Daß du dich vor dem

Traktor drückst! Aber ich schreib dir's ins Zeugnis, verstehst du mich?

MATTI: Jawohl, Herr Puntila.

Puntila geht wütend auf das Gutshaus zu. Auf der Schwelle steht Eva, den Strohhut im Arm. Sie hat zugehört.

DER KÜMMERLICHE: Soll ich dann mitkommen, Herr Puntila?

PUNTILA: Dich kann ich schon gar nicht brauchen, du hältst es nicht aus.

DER KÜMMERLICHE: Aber jetzt ist der Gesindemarkt aus.

PUNTILA: Das hättest du dir früher sagen sollen und nicht versuchen, meine freundliche Stimmung auszunutzen. Ich merk mir alle, die es ausnutzen. *Er geht finster ins Gutshaus.*

DER ARBEITER: So sinds. Herfahrens einen im Auto, und jetzt können wir die neun Kilometer zu Fuß zurücklatschen. Und ohne Stell. Das kommt, wenn man ihnen drauf hereinfallt, daß sie freundlich tun.

DER KÜMMERLICHE: Ich zeig ihn an.

MATTI: Wo?

Die Arbeiter verlassen erbittert den Hof.

EVA: Warum wehren Sie sich denn nicht? Wir wissen doch alle, daß er seine Brieftasche immer den anderen zum Zahlen gibt, wenn er getrunken hat.

MATTI: Er würd's nicht verstehn, wenn ich mich wehren würd. Ich hab gemerkt, die Herrschaften haben's nicht gern, wenn man sich wehrt.

EVA: Tun Sie nicht so scheinheilig und demütig. Mir ist heut nicht zum Spaßen.

MATTI: Ja, Sie werden mit dem Attaché verlobt.

EVA: Seien Sie nicht roh. Der Attaché ist ein sehr lieber Mensch, nur nicht zum Heiraten.

MATTI: Das gibt's häufig. Keine kann alle lieben Menschen heiraten oder alle Attachés, sie muß sich auf einen bestimmten festlegen.

EVA: Mein Vater überläßt mir's ja ganz, das haben Sie gehört, drum hat er mir gesagt, ich könnt sogar Sie heiraten. Nur hat er dem Attaché meine Hand versprochen und will sich nicht nachsagen lassen, daß er ein Wort nicht hält. Nur deswegen nehm ich soviel Rücksicht und nehm ihn vielleicht doch.

MATTI: Da sinds in einer schönen Sackgaß.

EVA: Ich bin in keiner Sackgaß, wie Sie's vulgär ausdrücken. Ich weiß überhaupt nicht, warum ich mit Ihnen so diskrete Sachen besprech.

MATTI: Das ist eine ganz menschliche Gewohnheit, daß man was bespricht. Das ist ein großer Vorsprung, den wir vor den Tieren haben. Wenn zum Beispiel die Küh sich miteinander besprechen könnten, gäb's den Schlachthof nicht mehr lang.

EVA: Was hat das damit zu tun, daß ich sag, daß ich mit dem Attaché wahrscheinlich nicht glücklich werd? Und daß er zurücktreten müßt, nur, wie könnt man ihm das andeuten?

MATTI: Mit'm Zaunpfahl würd's nicht genügen, es müßt schon ein ganzer Mast sein.

EVA: Was meinen Sie damit?

MATTI: Ich mein, das müßt ich machen, ich bin roh.

EVA: Wie stellen Sie sich das vor, daß Sie mir helfen bei so was Delikatem?

MATTI: Nehmen wir an, ich hätt mich ermuntert gefühlt durch die freundlichen Worte vom Herrn Puntila, daß Sie mich nehmen sollen, die er in der Besoffenheit hat fallen lassen. Und Sie fühlen sich angezogen durch meine rohe Kraft, denkens an Tarzan, und der Attaché überrascht uns und sagt sich: sie ist meiner nicht wert und treibt sich mit einem Chauffeur rum.

EVA: Das kann ich nicht von Ihnen verlangen.

MATTI: Das wär ein Teil von meinem Dienst wie Wagenputzen. Es kost eine knappe Viertelstund. Wir brauchen ihm nur zu zeigen, daß wir intim sind.

EVA: Und wie wollens das zeigen?

MATTI: Ich kann Sie mit'm Vornamen anreden, wenn er dabei steht.

EVA: Wie zum Beispiel?

MATTI: „Die Bluse ist im Genick nicht zu, Eva."

EVA langt hinter sich: Sie ist doch zu, ach so, jetzt haben Sie schon gespielt! Aber das ist ihm gleich. So penibel ist er nicht, dazu hat er zuviel Schulden.

MATTI: Dann kann ich ja wie aus Versehen mit dem Sacktüchel Ihren Strumpf herausziehen, daß er's sieht.

EVA: Das ist schon besser, aber da wird er sagen, Sie haben ihn nur gegrabscht, wie ich nicht dabei war, weil Sie mich heimlich verehren. *Pause.* Sie haben keine schlechte Phantasie in solchen Dingen, wie es scheint.

MATTI: Ich tu mein Bestes, Fräulein Eva. Ich stell mir alle möglichen Situationen und verfänglichen Gelegenheiten vor zwischen uns zwei, damit mir was Passendes einfällt.

EVA: Das lassen Sie bleiben.

MATTI: Schön, ich laß es bleiben.

EVA: Was zum Beispiel?

MATTI: Wenn er so große Schulden hat, müssen wir
schon direkt zusammen aus der Badehütte heraus-
kommen, unter dem geht's nicht, er kann immer
etwas Entschuldigendes finden, daß es harmlos aus-
schaut. Zum Beispiel, wenn ich Sie nur abküß, kann
er sagen, ich bin zudringlich geworden, weil ich
mich bei Ihrer Schönheit nicht mehr hab zurück-
halten können. Und so fort.

EVA: Ich weiß nie, wann Sie Ihren Spaß treiben und
mich auslachen hinterm Rücken. Mit Ihnen ist man
nicht sicher.

MATTI: Warum wollens denn sicher sein? Sie sollen
doch nicht Ihr Geld anlegen. Unsicher ist viel
menschlicher, um mit Ihrem Herrn Vater zu reden.
Ich mag die Frauen unsicher.

EVA: Das kann ich mir denken von Ihnen.

MATTI: Sehens, Sie haben auch eine ganz gute Phantasie.

EVA: Ich hab nur gesagt, bei Ihnen kann man nie wissen, was Sie eigentlich wollen.

MATTI: Das könnens nicht einmal bei einem Zahnarzt
wissen, was er eigentlich will, wenns in seinem Stuhl
sitzen.

EVA: Sehen Sie, wenn Sie so reden, seh ich, daß das
mit der Badestub nicht geht mit Ihnen, weil Sie die
Situation sicher ausnützen würden.

MATTI: Jetzt ist schon wieder was sicher. Wenn Sie
noch lang Bedenken haben, verlier ich die Lust, Sie
zu kompromittieren, Fräulein Eva.

EVA: Das ist viel besser, wenn Sie's ohne besondere Lust machen. Ich will Ihnen etwas sagen, ich bin einverstanden mit der Badehütte, ich vertrau Ihnen. Sie müssen bald fertig sein mit dem Frühstücken, und dann gehen sie bestimmt auf der Altane auf und ab und besprechen die Verlobung. Wir gehn am besten gleich hinein.

MATTI: Gehn Sie voraus, ich muß noch Spielkarten holen.

EVA: Wozu denn Spielkarten?

MATTI: Wie sollen wir denn die Zeit totschlagen in der Badehütte?

Er geht ins Haus, sie geht langsam auf die Badehütte zu. Die Köchin kommt mit ihrem Korb.

LAINA: Guten Morgen, Fräulein Puntila, ich geh Gurken holen. Vielleicht kommen Sie mit?

EVA: Nein, ich hab etwas Kopfweh und will noch ein Bad nehmen.

Sie geht hinein. Laina steht kopfschüttelnd. Aus dem Haus treten Puntila und der Attaché, Zigarren rauchend.

DER ATTACHÉ: Weißt du, Puntila, ich denk, ich fahr mit der Eva an die Riviera und bitt den Baron Vaurien um seinen Rolls. Das wird eine Reklame für Finnland und seine Diplomatie. Wie viele repräsentative Damen haben wir schon in unserm diplomatischen Korps!

PUNTILA *zu Laina:* Wo ist meine Tochter hin? Sie ist herausgegangen.

Laina: In der Badehütte, Herr Puntila, sie hat solches Kopfweh und wollte baden gehen. *Ab.*

Puntila: Sie hat immer solche Launen. Ich hab nicht gehört, daß man mit Kopfweh baden geht.

Der Attaché: Es ist originell, aber weißt du, Puntila, wir machen zu wenig aus unserer finnischen Badestube. Ich hab's dem Ministerialrat gesagt, wie davon die Rede war, wie wir eine Anleihe bekommen. Die finnische Kultur müßt ganz anders propagiert werden. Warum gibt's keine finnische Badestube am Piccadilly?

Puntila: Was ich von dir wissen möcht, ist, ob dein Minister wirklich nach Puntila kommt, wenn die Verlobung ist.

Der Attaché: Er hat's bestimmt zugesagt. Er ist mir verpflichtet, weil ich ihn bei den Lehtinens eingeführt hab, dem von der Kommerzialbank, er interessiert sich für Nickel.

Puntila: Ich möcht ihn sprechen.

Der Attaché: Er hat eine Schwäche für mich, das sagen alle im Ministerium. Er hat mir gesagt: Sie kann man überall hinschicken, Sie begehn keine Indiskretionen, Sie interessieren sich nicht für Politik. Er meint, ich repräsentier sehr gut.

Puntila: Ich glaub, du mußt Grieß im Kopf haben, Eino. Es müßt mit dem Teufel zugehn, wenn du nicht Karriere machst, aber nimm das nicht leicht mit'n Minister auf der Verlobung, darauf besteh ich, daran seh ich, was sie von dir halten.

Der Attaché: Puntila, da bin ich ganz sicher. Ich hab immer Glück. Das ist im Ministerium schon sprichwörtlich. Wenn ich was verlier, kommt's zurück, totsicher.

Matti kommt mit einem Handtuch über der Schulter und geht in die Badehütte.

PUNTILA *zu Matti:* Was treibst du dich herum, Kerl? Ich würd mich schämen, wenn ich so herumlümmeln würd, und mich fragen, wie ich da meinen Lohn verdien. Ich werd dir kein Zeugnis geben. Dann kannst du verfaulen wie ein Schellfisch, den keiner fressen will, weil er neben das Faß gefallen ist.

MATTI: Jawohl, Herr Puntila.

Puntila wendet sich wieder dem Attaché zu. Matti geht ruhig in die Badehütte. Puntila denkt zunächst nichts Schlimmes; aber dann fällt ihm plötzlich ein, daß auch Eva drin sein muß, und er schaut Matti verblüfft nach.

PUNTILA *zum Attaché:* Wie stehst du eigentlich mit Eva?

DER ATTACHÉ: Ich steh gut mit ihr. Sie ist ein wenig kühl zu mir, aber das ist ihre Natur. Ich möcht es mit unserer Stellung zu Rußland vergleichen. In diplomatischer Sprache sagen wir, die Beziehungen sind korrekt. Komm! Ich werd Eva noch einen Strauß weiße Rosen pflücken, weißt du.

PUNTILA *geht mit ihm ab, nach der Badehütte blickend:* Ich glaub auch, das ist besser.

MATTI *in der Hütte:* Sie haben mich reingehn sehn. Alles in Ordnung.

EVA: Mich wundert, daß mein Vater Sie nicht aufgehalten hat. Die Köchin hat ihm gesagt, daß ich herinnen bin.

MATTI: Es ist ihm zu spät aufgefallen, er muß einen riesigen Brummschädel haben heut. Und es wär auch ungelegen gekommen, zu früh, denn die Absicht zum Kompromittieren ist nicht genug, es muß schon was passiert sein.

EVA: Ich zweifel, ob sie überhaupt auf schlechte Gedanken kommen. Mitten am Vormittag ist doch nichts dabei.

MATTI: Sagens das nicht. Das deutet auf besondere Leidenschaft. 66? *Er gibt Karten.* Ich hab in Viborg einen Herrn gehabt, der hat zu allen Tageszeiten essen können. Mitten am Nachmittag, vorm Kaffee, hat er sich ein Huhn braten lassen. Das Essen war eine Leidenschaft bei ihm. Er war bei'r Regierung.

EVA: Wie können Sie das vergleichen?

MATTI: Wieso, es gibt auch beim Lieben solche, die besonders drauf aus sind. Sie spielen aus. Meinens, im Kuhstall wird immer gewartet, bis es Nacht ist? Jetzt ist Sommer, da ist man gut aufgelegt. Andrerseits sind überall Leut. Da geht man eben schnell in die Badehütte. Heiß ist's. *Er zieht die Jacke aus.* Sie können sich auch leichter machen. Ich schau Ihnen nichts weg. Wir spielen um einen halben Pfennig, denk ich.

EVA: Ich weiß nicht, ob es nicht ordinär ist, was Sie daherreden. Merken Sie sich, ich bin keine Kuhmagd.

MATTI: Ich hab nichts gegen Kuhmägde.

EVA: Sie haben keinen Respekt.

MATTI: Das hab ich schon oft gehört. Die Chauffeure

sind bekannt als besonders renitente Menschen, die
keine Achtung vor die besseren Leut haben. Das
kommt daher, daß wir die besseren Leut hinter uns
im Wagen miteinander reden hören. Ich hab 66, was
haben Sie?

EVA: Ich hab auf der Klosterschule in Brüssel nur anständig reden hören.

MATTI: Ich red nicht von anständig und unanständig,
ich red von dumm. Sie geben, aber abheben, daß
kein Irrtum vorkommt!

*Puntila und der Attaché kommen zurück. Der Attaché
trägt einen Strauß Rosen.*

DER ATTACHÉ: Sie ist geistreich. Ich sag zu ihr: „Du
wärst perfekt, wenn du nur nicht so reich wärst!",
sagt sie, ohne viel nachzudenken: „Ich finde das
eher angenehm, reich sein!" Hahaha! Und weißt du,
Puntila, daß genau das mir schon einmal Mademoi-
selle Rothschild geantwortet hat, wie ich ihr bei der
Baronin Vaurien vorgestellt wurde? Sie ist auch
geistreich.

MATTI: Sie müssen kichern, als ob ich Sie kitzle, sonst
gehens schamlos vorbei hier. *Eva kichert beim Kartenspielen etwas.* Das klingt nicht amüsiert genug.

DER ATTACHÉ *stehenbleibend:* Ist das nicht Eva?

PUNTILA: Nein, auf keinen Fall, das muß wer andres
sein.

MATTI *laut beim Kartenspielen:* Sie sind aber kitzlig.

DER ATTACHÉ: Horch!

MATTI *leise:* Wehrens sich ein bissel!

PUNTILA: Das ist der Chauffeur in der Badehütten.
Ich glaub, du bringst deinen Strauß besser ins Haus!

EVA *spielt, laut:* Nein! Nicht!

MATTI: Doch!

DER ATTACHÉ: Weißt du, Puntila, es klingt wirklich, als ob's die Eva wär.

PUNTILA: Werd gefälligst nicht beleidigend!

MATTI: Jetzt per du und lassens nach mit dem vergeblichen Widerstand!

EVA: Nein! Nein! Nein! *Leis:* Was soll ich noch sagen?

MATTI: Sagens, ich darf das nicht! Denkens sich doch hinein! Seiens sinnlich!

EVA: Das darfst du nicht!

PUNTILA *donnernd:* Eva!

MATTI: Weiter! Weiter in blinder Leidenschaft! *Er nimmt die Karten weg, während sie die Liebesszene weiter andeuten.* Wenn er reinkommt, müssen wir ran, da hilft nichts.

EVA: Das geht nicht!

MATTI *mit dem Fuß eine Bank umstoßend:* Dann gehens hinaus, aber wie ein begossener Pudel.

PUNTILA: Eva!

Matti fährt Eva sorgfältig mit der Hand durchs Haar, damit es zerwühlt aussieht, und sie macht sich einen Knopf ihrer Bluse am Hals auf. Dann geht sie hinaus.

EVA: Hast du gerufen, Papa? Ich wollt mich nur umziehen und schwimmen gehn.

PUNTILA: Was denkst du dir eigentlich, dich in der Badehütte herumzutreiben? Meinst du, wir haben keine Ohren?

DER ATTACHÉ: Sei doch nicht jähzornig, Puntila. Warum soll Eva nicht in die Badehütte?

Heraus tritt Matti, hinter Eva stehenbleibend.

EVA *Matti nicht bemerkend, ein wenig eingeschüchtert:* Was sollst du denn gehört haben, Papa? Es war doch nichts.

PUNTILA: So, das heißt bei dir, es war nichts! Vielleicht schaust du dich um!

MATTI *Verlegenheit spielend:* Herr Puntila, ich hab mit dem gnädigen Fräulein nur 66 gespielt. Da sind die Karten, wenn Sie's nicht glauben. Es ist ein Mißverständnis von Ihrer Seite.

PUNTILA: Du haltst das Maul! Du bist gekündigt! *Zu Eva:* Was soll der Eino von dir denken?

DER ATTACHÉ: Weißt du, Puntila, wenn sie 66 gespielt haben, ist's ein Mißverständnis. Die Prinzessin Bibesco hat sich einmal beim Bac so aufgeregt, daß sie sich eine Perlenkette zerrissen hat. Ich hab dir weiße Rosen gebracht, Eva. *Er gibt ihr die Rosen.* Komm, Puntila, gehn wir ein Billard spielen!

Er zieht ihn am Ärmel weg.

PUNTILA *grollend:* Ich red noch mit dir, Eva! Und du, Kerl, wenn du noch einmal auch nur soviel wie Muh sagst zu meiner Tochter, statt daß du die schmierige Mütze vom Kopf reißt und strammstehst und dich genierst, weil du dir nicht die Ohren gewaschen hast, halts Maul, dann kannst du deine zerrissenen Socken packen. Aufzuschauen hast du zu der Tochter von deinem Brotgeber wie zu einem höheren Wesen, das herniedergestiegen ist. Laß mich, Eino, meinst du, ich laß so was zu? *Zu Matti:* Wiederhol's, was hast du?

MATTI: Ich muß zu ihr aufschauen wie zu einem höheren Wesen, das herniedergestiegen ist, Herr Puntila.

PUNTILA: Deine Augen reißt du auf, daß es so was gibt, in ungläubigem Staunen, Kerl.

MATTI: Ich reiß meine Augen auf in ungläubigem Staunen, Herr Puntila.

PUNTILA: Rot wirst du wie ein Krebs, weil du schon vor der Konfirmation unsaubere Gedanken gehabt hast bei Weibern, wenn du so was von Unschuld siehst, und möchtest in den Boden versinken, hast du verstanden?

MATTI: Ich hab verstanden.

Der Attaché zieht Puntila ins Haus.

EVA: Nichts.

MATTI: Seine Schulden sind noch größer, als wir geglaubt haben.

6

Ein Gespräch über Krebse

Gutsküche auf Puntila. Es ist Abend. Von draußen hin und wieder Tanzmusik. Matti liest die Zeitung.

FINA *herein:* Fräulein Eva will Sie sprechen.

MATTI: Es ist recht. Ich trink noch meinen Kaffee aus.

FINA: Wegen mir müssen Sie ihn nicht austrinken, als ob es Ihnen nicht pressiert. Ich bin überzeugt, Sie bilden sich was ein, weil das Fräulein Eva sich ab und zu mit Ihnen abgibt, weil sie keine Gesellschaft hat auf dem Gut und einen Menschen sehen muß.

MATTI: An so einem Abend bild ich mir gern was ein. Wenns zum Beispiel Lust haben, Fina, sich mit mir den Fluß anschaun, hab ich's überhört, daß das Fräulein Eva mich braucht, und komm mit.

FINA: Ich glaub nicht, daß ich dazu Lust hab.

MATTI *nimmt eine Zeitung auf:* Denkens an den Lehrer?

FINA: Ich hab nichts gehabt mit dem Lehrer. Er ist ein freundlicher Mensch gewesen und hat mich bilden wollen, indem er mir ein Buch geliehen hat.

MATTI: Schad, daß er so schlecht bezahlt wird für seine Bildung. Ich hab dreihundert Mark, und ein Lehrer hat zweihundert Mark, aber ich muß auch mehr können. Warum, wenn ein Lehrer nichts kann, dann lernens im Dorf höchstens nicht die Zeitung lesen. Das wär früher ein Rückschritt gewesen, aber was nützt das Zeitunglesen heutzutag, wo doch nichts drinsteht wegen der Zensur? Ich geh so weit und sag: wenns die Schullehrer vollends abschafften, brauchtens auch die Zensur nicht und ersparten dem Staat die Gehälter für die Zensorn. Aber wenn ich steckenbleib auf der Distriktstraße, müssen die Herrn zu Fuß durch'n Kot gehen und fallen in die Straßengräben, weils besoffen sind.

Matti winkt Fina zu sich, und sie setzt sich auf seine Knie. Der Richter und der Advokat kommen, die Handtücher über der Schulter, aus dem Dampfbad.

DER RICHTER: Haben Sie nichts zum Trinken, etwas von der schönen Buttermilch von früher?

MATTI: Soll's das Stubenmädchen hineinbringen?

DER RICHTER: Nein, zeigen Sie uns, wo sie steht.

Matti schöpft ihnen mit dem Schöpflöffel. Fina ab.

DER ADVOKAT: Die ist ausgezeichnet.

DER RICHTER: Ich trink sie auf Puntila immer nach
dem Dampfbad.

DER ADVOKAT: Die finnische Sommernacht!

DER RICHTER: Ich hab viel zu tun mit ihr. Die Ali-
mentationsprozesse, das ist ein hohes Lied auf die
finnische Sommernacht. Im Gerichtssaal sieht man,
was für ein hübscher Ort ein Birkenwald ist. An den
Fluß könnens überhaupt nicht gehn, ohne daß sie
schwach werden. Eine hab ich vor dem Richtertisch
gehabt, die hat das Heu beschuldigt, daß es so stark
riecht. Beerenpflücken solltens auch nicht, und Kuh-
melken kommt sie teuer zu stehn. Um jedes Gebüsch
an der Straße müßt ein Stacheldrahtzaun gezogen
werden. Ins Dampfbad gehn die Geschlechter ein-
zeln, weil sonst die Versuchung zu groß würd, und
danach gehens zusammen über die Wiesen. Sie sind
einfach nicht zu halten im Sommer. Von den Fahr-
rädern steigens ab, auf die Heuböden kriechens
hinauf; in der Küche passiert's, weil es zu heiß ist,
und im Freien, weil so ein frischer Luftzug geht.
Zum Teil machens Kinder, weil der Sommer so kurz,
und zum Teil, weil der Winter so lang ist.

DER ADVOKAT: Es ist ein schöner Zug, daß auch die
älteren Leute daran teilnehmen dürfen. Ich denk an
die nachherigen Zeugen. Sie sehen's. Sie sehn das
Paar im Wäldchen verschwinden, sie sehn die Holz-
schuh unten im Heuschuppen, und wie das Mädchen erhitzt ist, wenn sie vom Blaubeerenklauben
kommt, wo man sich nie erhitzen kann, weil man

dabei nicht so eifrig ist. Sie sehn nicht nur, sondern sie hören auch. Die Milchkannen scheppern und die Bettstätten krachen. So sind sie mit den Augen und Ohren beteiligt und haben was vom Sommer.

DER RICHTER *da es klingelt, zu Matti:* Vielleicht gehn Sie schaun, was drin gewünscht wird? Aber wir können auch drin sagen, daß hier Gewicht auf den Achtstundentag gelegt wird.

Er geht mit dem Advokaten hinaus. Matti hat sich wieder zu seiner Zeitung gesetzt.

EVA *herein, eine ellenlange Zigarettenspitze haltend und mit einem verführerischen Gang, den sie im Kino gesehen hat:* Ich hab Ihnen geklingelt. Haben Sie noch was zu tun hier?

MATTI: Ich? Nein, meine Arbeit fängt erst morgen früh um sechs wieder an.

EVA: Ich hab mir gedacht, ob Sie nicht mit mir auf die Insel rudern, ein paar Krebs für morgen zum Verlobungsessen fangen.

MATTI: Ist es nicht ein bissel schon nachtschlafende Zeit?

EVA: Ich bin noch gar nicht müd, ich schlaf im Sommer schlecht, ich weiß nicht, was das ist. Können Sie einschlafen, wenn Sie jetzt ins Bett gehn?

MATTI: Ja.

EVA: Sie sind zu beneiden. Dann richten Sie mir die Geräte her. Mein Vater hat den Wunsch, daß Krebse da sind. *Sie dreht sich auf dem Absatz um und will abgehen, wobei sie wieder den Gang vorführt, den sie im Kino gesehen hat.*

MATTI *umgestimmt:* Ich denk, ich werd doch mitgehn.
   Ich werd Sie rudern.

EVA: Sind Sie nicht zu müd?

MATTI: Ich bin aufgewacht und fühl mich ganz frisch.
   Sie müssen nur sich umziehn, daß Sie gut waten
   können.

EVA: Die Geräte sind in der Geschirrkammer. *Ab.*

Matti zieht seine Joppe an.

EVA *in sehr kurzen Hosen zurückkehrend:* Aber Sie
   haben ja die Geräte nicht.

MATTI: Wir fangen sie mit den Händen. Das ist viel
   hübscher, ich lern's Ihnen.

EVA: Aber es ist bequemer mit dem Gerät.

MATTI: Ich bin neulich mit dem Stubenmädchen und
   der Köchin auf der Insel gewesen, da haben wir's
   mit den Händen gemacht, und es war sehr hübsch,
   Sie können nachfragen. Ich bin flink. Sind Sie nicht?
   Manche haben fünf Daumen an jeder Hand. Die
   Krebs sind natürlich schnell, und die Stein sind
   glitschig, aber es ist ja hell draußen, nur wenig
   Wolken, ich hab hinausgeschaut.

EVA *zögernd:* Ich will lieber mit den Geräten. Wir
   kriegen mehr.

MATTI: Brauchen wir so viele?

EVA: Mein Vater ißt nichts, wovon's nicht viel gibt.

MATTI: Das wird ja ernst. Ich hab mir gedacht, ein
   paar, und wir unterhalten uns, es ist eine hübsche
   Nacht.

EVA: Sagens nicht von allem, es ist hübsch. Holens
   lieber die Geräte.

MATTI: Seiens doch nicht so ernst und so grausam

67

hinter die Krebs her! Ein paar Taschen voll genügen. Ich weiß eine Stell, wo sie's reichlich gibt, wir haben in fünf Minuten genug, daß wir's vorzeigen können.

EVA: Was meinen Sie damit? Wollen Sie überhaupt Krebse fangen?

MATTI *nach einer Pause:* Es ist vielleicht ein bissel spät. Ich muß früh um sechs raus und mit'm Studebaker den Attaché von der Station abholen. Wenn wir bis drei, vier Uhr auf der Insel herumwaten, wird's bissel knapp für'n Schlaf. Ich kann Sie natürlich hinüberrudern, wenns absolut wollen.

Eva dreht sich wortlos um und geht hinaus. Matti zieht seine Joppe wieder aus und setzt sich zu seiner Zeitung. Herein, aus dem Dampfbad, Laina.

LAINA: Die Fina und die Futtermeisterin fragen, ob Sie nicht ans Wasser hinunterkommen wollen. Sie unterhalten sich noch.

MATTI: Ich bin müd. Ich war heut auf'm Gesindemarkt, und vorher hab ich den Traktor ins Moor gebracht, und da sind die Strick gerissen.

LAINA: Ich bin auch ganz tot mit dem Backen, ich bin nicht für Verlobungen. Aber ich hab mich direkt wegreißen müssen, daß ich ins Bett geh, es ist so hell und eine Sünd, zu schlafen. *Schaut im Abgehen aus dem Fenster.* Vielleicht geh ich doch noch ein bissel hinunter, der Stallmeister wird wieder auf der Harmonika spielen, das hör ich gern. *Sie geht todmüde, aber entschlossen ab.*

EVA *herein:* Ich wünsch, daß Sie mich noch zur Station fahren.

MATTI: Es dauert fünf Minuten, bis ich den Studebaker umgedreht hab. Ich wart vor der Tür.

EVA: Es ist recht. Ich seh, Sie fragen nicht, was ich auf
der Station will.

MATTI: Ich würd sagen, Sie wollen den Elfuhrzehner
nach Helsingfors nehmen.

EVA: Jedenfalls sind Sie nicht überrascht, wie ich seh.

MATTI: Warum überrascht? Es ändert sich nie was
und führt selten zu was, wenn die Chauffeure überrascht sind. Es wird fast nie bemerkt und ist ohne
Bedeutung.

EVA: Ich fahre nach Brüssel zu einer Freundin auf ein
paar Wochen und will meinen Vater nicht damit
behelligen. Sie müßten mir zweihundert Mark für
das Billett leihen. Mein Vater wird's natürlich zurückzahlen, sobald ich ihm's schreibe.

MATTI *wenig begeistert:* Jawohl.

EVA: Ich hoffe, Sie haben keine Furcht um Ihr Geld.
Wenn es meinem Vater auch gleichgültig ist, mit
wem ich mich verlob, so wird er Ihnen doch nicht
gerade was schuldig bleiben wollen.

MATTI *vorsichtig:* Ich weiß nicht, ob er das Gefühl
hätt, daß er's mir schuldet, wenn ich's Ihnen geb.

EVA *nach einer Pause:* Ich bedauer sehr, daß ich Sie
darum gebeten hab.

MATTI: Ich glaub nicht, daß es Ihrem Vater gleichgültig ist, wenn Sie mitten in der Nacht wegfahren
vor der Verlobung, während sozusagen die Kuchen
noch im Rohr liegen. Daß er Ihnen in einem unbe-
dachten Moment geraten hat, daß Sie sich mit mir
abgeben sollen, dürfen Sie nicht übel nehmen. Ihr
Herr Vater hat Ihr Bestes im Auge, Fräulein Eva.

Er hat mir's selber angedeutet. Wenn er besoffen ist, oder sagen wir, wenn er ein Glas zuviel getrunken hat, kann er nicht wissen, was Ihr Bestes ist, sondern geht nach dem Gefühl. Aber wenn er nüchtern ist, wird er wieder intelligent und kauft Ihnen einen Attaché, der sein Geld wert ist, und Sie werden Ministerin in Paris oder Reval und können tun, was Sie wollen, wenn Sie zu was Lust haben an einem netten Abend, und wenns nicht wollen, müssens nicht.

EVA: Also Sie raten mir jetzt zu dem Herrn Attaché?

MATTI: Fräulein Eva, Sie sind nicht in der finanziellen Lage, Ihrem Herrn Vater Kummer zu bereiten.

EVA: Ich seh, Sie haben Ihre Ansicht gewechselt und sind eine Windfahne.

MATTI: Das ist richtig. Aber es ist nicht gerecht, wenn man von Windfahnen redet, sondern gedankenlos. Sie sind aus Eisen, und was Festeres gibt's nicht, nur fehlt Ihnen die feste Grundlag, die einem einen Halt verleiht. Ich hab leider auch nicht die Grundlag. *Er reibt Daumen und Zeigefinger.*

EVA: Ich muß leider Ihren guten Rat dann vorsichtig aufnehmen, wenn Ihnen die Grundlag fehlt, daß Sie mir einen ehrlichen Rat geben. Ihre schönen Worte darüber, wie gut es mein Vater mit mir meint, stammen, scheint's, nur davon her, daß Sie das Geld für mein Billett nicht riskieren wollen.

MATTI: Meine Stellung könnens auch dazuzählen, ich find sie nicht schlecht.

EVA: Sie sind ein ziemlicher Materialist, wie's scheint, Herr Altonen, oder wie man in Ihren Kreisen sagen wird, Sie wissen, auf welcher Seite Ihr Brot gebuttert ist. Jedenfalls hab ich noch nie jemand so offen zeigen sehen, wie er um sein Geld besorgt ist oder überhaupt um sein Wohlergehen. Ich seh, daß nicht nur die, was haben, ans Geld denken.

MATTI: Es tut mir leid, wenn ich Sie enttäuscht hab. Ich kann's aber nicht vermeiden, weil Sie mich so direkt gefragt haben. Wenn Sie's nur angedeutet hätten und hätten's in der Luft schweben lassen, sozusagen zwischen den Zeilen, hätt vom Geld überhaupt zwischen uns nicht die Rede zu sein brauchen. Das bringt immer einen Mißklang in alles hinein.

EVA *setzt sich:* Ich heirat den Attaché nicht.

MATTI: Ich versteh nicht, nach einigem Nachdenken, warums grad den nicht heiraten wolln. Mir kommt einer wie der andere ganz ähnlich vor, ich hab mit genug zu tun gehabt. Sie sind gebildet und werfen Ihnen keinen Stiefel an den Kopf, auch nicht, wenns besoffen sind, und schaun nicht auf Geld, besonders, wenn's nicht das ihrige ist, und wissen Sie zu schätzen, genau wies einen Wein vom andern kennen, weils das gelernt haben.

EVA: Ich nehm den Attaché nicht. Ich glaub, ich nehm Sie.

MATTI: Was meinen Sie damit?

EVA: Mein Vater könnt uns ein Sägwerk geben.

MATTI: Sie meinen: Ihnen.

EVA: Uns, wenn wir heiraten.

MATTI: In Karelien war ich auf einem Gut, da war der Herr ein früherer Knecht. Die gnädige Frau hat ihn zum Fischen geschickt, wenn der Probst zu Besuch gekommen ist. Bei den sonstigen Gesellschaften ist er hinten am Ofen gesessen und hat eine Patience

gelegt, sobald er mit dem Flaschenaufkorken fertig
war. Sie haben schon große Kinder gehabt. Sie
haben ihn mit'm Vornamen gerufen. „Viktor, hol
die Galoschen, aber trödel nicht herum!" Das wär
nicht nach meinem Geschmack, Fräulein Eva.

EVA: Nein, Sie wollen der Herr sein. Ich kann mir's
vorstellen, wie Sie eine Frau behandeln würden.

MATTI: Habens nachgedacht darüber?

EVA: Natürlich nicht. Sie meinen wohl, ich denk den
ganzen Tag an nichts als an Sie. Ich weiß nicht, wie
Sie zu der Einbildung kommen. Ich hab's jedenfalls
satt, daß Sie nur immer von sich reden, was Sie
wollen und was nach Ihrem Geschmack ist und was
Sie gehört haben, ich durchschau Ihre unschuldigen
Geschichten und Ihre Frechheiten. Ich kann Sie überhaupt nicht ausstehn, weil mir Egoisten nicht gefallen, daß Sie's wissen! *Ab.*

Matti setzt sich wieder zu seiner Zeitung.

7

Der Bund der Bräute des Herrn Puntila

*Hof auf Puntila. Es ist Sonntag morgen. Auf der Al-
tane des Gutshauses streitet Puntila mit Eva, während
er sich rasiert. Man hört von weitem Kirchenglocken.*

PUNTILA: Du heiratest den Attaché und damit Schluß.
Ich geb dir keinen Pfennig sonst. Ich bin für deine
Zukunft verantwortlich.

EVA: Neulich hast du gesagt, daß ich nicht heiraten soll, wenn er kein Mann ist. Ich soll den nehmen, den ich liebe.

PUNTILA: Ich sag viel, wenn ich ein Glas über den Durst getrunken hab. Und ich mag's nicht, wenn du an meinem Wort herumdeutelst. Und wenn ich dich noch einmal mit dem Chauffeur erwisch, werd ich dir's zeigen. Gradsogut hätten fremde Leut um den Weg sein können, wie du aus der Badehütte herauskommst mit einem Chauffeur. Dann wär der Skandal fertiggewesen. *Er schaut plötzlich in die Ferne und brüllt:* Warum sind die Gäul auf dem Kleefeld?

STIMME: Der Stallmeister hat's angeschafft!

PUNTILA: Gib sie sofort weg! *Zu Eva:* Wenn ich einen Nachmittag weg bin, ist alles durcheinander auf dem Gut. Und warum, frag ich, sind die Gäul im Klee? Weil der Stallmeister was hat mit der Gärtnerin. Und warum ist die junge Kuh, die nur ein Jahr und zwei Monat alt ist, schon betreten, daß sie mir nicht mehr wachsen wird? Weil die Futtermeisterin was hat mit dem Praktikanten. Da hat sie natürlich keine Zeit zum Aufpassen, daß der Stier nicht meine jungen Küh betritt, sie laßt ihn einfach los, auf was er Lust hat. Schweinerei! Und wenn die Gärtnerin, ich werd reden mit ihr, nicht mit dem Stallmeister herumläg, würd ich nicht nur hundert Kilo Tomaten verkaufen dieses Jahr, wie soll sie das richtige Gefühl für meine Tomaten haben, das ist immer eine kleine Goldgrube gewesen, ich verbiet diese Liebeleien auf dem Gut, sie kommen mich zu teuer, hörst du, laß es dir gesagt sein mit dem Chauffeur, ich laß mir nicht das Gut ruinieren, da setz ich eine Grenze.

EVA: Ich ruinier nicht das Gut.

PUNTILA: Ich warn dich. Ich duld keinen Skandal. Ich richt dir eine Hochzeit für sechstausend Mark und tu alles, daß du in die besten Kreise einheiratest, das kost mich einen Wald, weißt du, was ein Wald ist? und du führst dich so auf, daß du dich mit Krethi und Plethi gemein machst und sogar mit einem Chauffeur.

Matti ist unten auf den Hof gekommen. Er hört zu.

PUNTILA: Ich hab dir eine feine Erziehung in Brüssel gezahlt, nicht daß du dich dem Chauffeur an den Hals wirfst, sondern daß du einen Abstand hältst zu dem Gesinde, sonst wird's frech und tanzt dir auf dem Bauch herum. Zehn Schritt Abstand und keine Vertraulichkeiten, sonst herrscht das Chaos, und da bin ich eisern. *Ab ins Haus.*

Vor dem Hoftor erscheinen die vier Frauen aus Kurgela. Sie beraten sich, nehmen ihre Kopftücher ab, setzen Strohkränze auf und schicken eine von ihnen vor. Auf den Hof kommt Sandra, die Telefonistin.

DIE TELEFONISTIN: Guten Morgen. Ich möcht den Herrn Puntila sprechen.

MATTI: Ich glaub nicht, daß er sich heut sprechen läßt. Er ist nicht auf der Höhe.

DIE TELEFONISTIN: Seine Verlobte wird er schon empfangen, denk ich.

MATTI: Sind Sie mit ihm verlobt?

DIE TELEFONISTIN: Das ist meine Ansicht.

PUNTILAS STIMME: Und solche Wörter wie Liebe ver-
bitt ich mir, daß du in den Mund nimmst, das ist
nur ein anderer Ausdruck für Schweinerei und die
duld ich nicht auf Puntila. Die Verlobung ist an-
gesetzt, ich hab ein Schwein schlachten lassen, das
kann ich nicht rückgängig machen, es tut mir nicht
den Gefallen und geht in Kober zurück und frißt
wieder geduldig, weil du dir's anders überlegt hast,
und überhaupt hab ich schon disponiert und will
meine Ruh auf Puntila und dein Zimmer wird zu-
geschlossen, richt dich danach!

Matti hat einen langen Besen ergriffen und begonnen,
den Hof zu kehren.

DIE TELEFONISTIN: Die Stimm von dem Herrn kommt
mir bekannt vor.
MATTI: Das ist kein Wunder, weil's die Stimm von
Ihrem Verlobten ist.
DIE TELEFONISTIN: Sie ist's und ist's nicht. Die Stimm
in Kurgela war anders.
MATTI: Ach, es war in Kurgela? War's, wie er dort
gesetzlichen Schnaps geholt hat?
DIE TELEFONISTIN: Vielleicht kenn ich die Stimm nicht
wieder, weil die äußeren Umstände dort anders
waren und das Gesicht dazu gekommen ist, ein
freundliches, er ist in einem Auto gesessen und hat
die Morgenröt im Gesicht gehabt.
MATTI: Ich kenn das Gesicht, und ich kenn die Morgenröt. Sie gehn besser wieder heim.

Auf den Hof kommt die Schmuggleremma. Sie tut,
als kenne sie die Telefonistin nicht.

DIE SCHMUGGLEREMMA: Ist der Herr Puntila hier? Ich möcht ihn gleich sprechen.

MATTI: Er ist leider nicht hier. Aber da ist seine Verlobte, die könnens sprechen.

DIE TELEFONISTIN *Theater spielend:* Ist das nicht die Emma Takinainen, die den Schnaps schmuggelt?

DIE SCHMUGGLEREMMA: Was tu ich? Sagst du, ich schmuggel Schnaps? Weil ich ein bissel Spiritus brauch, wenn ich der Frau vom Polizisten die Bein massier? Meinen Spiritus nimmt die Frau vom Bahnhofsvorsteher zu ihrem feinen Kirschlikör, daraus siehst du, daß er gesetzlich ist. Und was mit Verlobte? Die Telefonsandra von Kurgela will verlobt sein mit meinem Verlobten, dem Herrn Puntila, der hier wohnhaft ist, wie ich versteh? Das ist stark, du Fetzen!

DIE TELEFONISTIN *strahlend:* Und was hab ich hier, du Roggenbrennerin? Was siehst du an meinem Ringfinger?

DIE SCHMUGGLEREMMA: Eine Warze. Aber was siehst du an meinem? Ich bin verlobt, nicht du. Und mit Schnaps und Ring.

MATTI: Sind die Damen beide aus Kurgela? Da scheint's Bräute von uns zu geben wie Spatzendamen im März.

Auf den Hof kommen Lisu, das Kuhmädchen, und Manda, das Apothekerfräulein.

DAS KUHMÄDCHEN UND DAS APOTHEKERFRÄULEIN *gleichzeitig:* Wohnt hier vielleicht der Herr Puntila?

MATTI: Seid Ihr aus Kurgela? Dann wohnt er nicht hier, ich muß es wissen, ich bin der Chauffeur von ihm. Der Herr Puntila ist ein anderer Herr gleichen Namens wie der, mit dem Sie wahrscheinlich verlobt sind.

DAS KUHMÄDCHEN: Aber ich bin die Lisu Jakkara, mit mir ist der Herr wirklich verlobt, ich kann's beweisen. *Auf das Telefonfräulein deutend:* Und die kann's auch beweisen, die ist auch mit ihm verlobt.

DIE SCHMUGGLEREMMA UND DIE TELEFONISTIN *zugleich:* Ja, wir können's beweisen, wir sind alle die Rechtmäßigen!

Alle vier lachen sehr.

MATTI: Ich bin froh, daß Sie's beweisen können. Ich sag's grad heraus, wenn es nur eine wär, die rechtmäßig ist, würd ich mich nicht besonders interessieren, aber ich kenn die Stimme der Masse, wo ich sie auch hör. Ich schlag einen Bund der Bräute des Herrn Puntila vor. Und damit erhebt sich die interessante Frag: was ihr vorhabt?

DIE TELEFONISTIN: Sollen wir's ihm sagen? Da liegt eine alte Einladung vor vom Herrn Puntila persönlich, daß wir viere kommen sollen, wenn die große Verlobung gefeiert wird.

MATTI: So eine Einladung möcht was sein wie der Schnee vom vergangenen Jahr. Ihr möchtet den Herren vorkommen, wie vier Wildgänse an den Moorseen, die geflogen kommen, wenn die Jäger schon heimgegangen sind.

DIE SCHMUGGLEREMMA: O je, das klingt nicht nach willkommen!

MATTI: Ich sag nicht unwillkommen. Nur in einer bestimmten Hinsicht seid ihr etwas zu früh. Ich muß schaun, wie ich euch in einem guten Moment einführ, wo ihr willkommen seid und erkannt werdet mit klarem Aug als die Bräut, die ihr seid.

DAS APOTHEKERFRÄULEIN: Es ist nur ein Spaß beabsichtigt und ein klein wenig Aufzwicken beim Tanz.

MATTI: Wenn der Zeitpunkt günstig gewählt ist, könnt's gehn. Weil, sobald die Stimmung sich gehoben hat, sinds auf was Groteskes aus. Dann könnten die vier Bräute kommen. Der Probst wird sich wundern, und der Richter wird ein andrer und glücklicherer Mensch, wenn er den Probst sich wundern sieht. Aber es muß Ordnung sein, denn sonst möcht der Herr Puntila sich nicht auskennen, wenn wir einziehen im Saal als der Bund der Bräute unter Absingen der tavastländischen Hymne und mit einer Fahn aus einem Unterrock.

Alle lachen wieder sehr.

DIE SCHMUGGLEREMMA: Meinens, ein Kaffee wird abfallen und vielleicht ein Tanz danach?

MATTI: Das ist eine Forderung, die der Bund vielleicht durchsetzt als gerechtfertigt, weil Hoffnungen erzeugt worden sind und Ausgaben erwachsen sind, denn wie ich annehm, seid ihr mit der Bahn gekommen.

DIE SCHMUGGLEREMMA: Zweiter Klasse!

MATTI: Natürlich.

Das Stubenmädchen Fina trägt ein Butterschaff ins Haus.

DAS KUHMÄDCHEN: Vollbutter!

DAS APOTHEKERFRÄULEIN: Wir sind von der Station

gleich hergegangen. Ich weiß nicht, wie Sie heißen, aber vielleicht könnten Sie uns ein Glas Milch verschaffen?

MATTI: Ein Glas Milch? Nicht vor dem Mittag, ihr verderbt euch den Appetit.

DAS KUHMÄDCHEN: Da brauchen Sie keine Furcht zu haben.

MATTI: Besser wär's für euren Besuch, ich verschaff dem Bräutigam ein Glas von was andrem als Milch.

DIE TELEFONISTIN: Seine Stimm war ein bissel trocken, das ist wahr.

MATTI: Die Telefonsandra, die alles Wissende und das Wissen Verbreitende, versteht mich, warum ich nicht für euch nach der Milch lauf, sondern denk, wie ich an den Aquavit für ihn herankomm.

DAS KUHMÄDCHEN: Sind's nicht neunzig Küh auf Puntila? Das hab ich gehört.

DIE TELEFONISTIN: Aber die Stimm hast du nicht gehört, Lisu.

MATTI: Ich glaub, ihr seid klug und begnügt euch fürs erste mit'n Geruch vom Essen.

Der Stallmeister und die Köchin tragen ein geschlachtetes Schwein ins Haus.

DIE FRAUEN *klatschen Beifall:* Das kann schon ausgeben! — Hoffentlich man backt's knusprig! — Tu bissel Majoran dran!

DIE SCHMUGGLEREMMA: Meint ihr, ich kann beim Mittag die Rockhäkchen aufmachen, wenn man nicht auf mich schaut? Der Rock ist schon eng.

DAS APOTHEKERFRÄULEIN: Der Herr Puntila möcht herschaun.

79

DIE TELEFONISTIN: Nicht beim Mittag.

MATTI: Wißt ihr, was das für ein Mittag sein wird? Ihr werdet Seit an Seit mit dem Richter sitzen vom Hohen Gericht in Viborg. Dem werd ich sagen – *er stößt den Besenstiel in den Boden und redet ihn an –:* Euer Ehrwürden, da sind vier mittellose Frauen in Ängsten, daß ihr Anspruch verworfen wird. Lange Strecken sind sie auf staubiger Landstraß gewandert, um ihren Bräutigam zu erreichen. Denn in einer Früh vor zehn Tagen ist ein feiner dicker Herr in einem Studebaker ins Dorf gekommen, der hat Ringe gewechselt mit ihnen und sie sich anverlobt, und jetzt möcht er's vielleicht nicht gewesen sein. Tun Sie Ihre Pflicht, fällen Sie Ihren Urteilsspruch, und ich warn Sie. Denn wenns keinen Schutz gewähren, möcht's eines Tags kein Hohes Gericht von Viborg mehr geben.

DIE TELEFONISTIN: Bravo!

MATTI: Der Advokat wird euch bei Tisch auch zutrinken. Was wirst du ihm sagen, Emma Takinainen?

DIE SCHMUGGLEREMMA: Ich werd ihm sagen, ich freu mich, daß ich die Verbindung krieg, und würdens mir nicht meine Steuererklärung schreiben und recht streng mit den Beamten sein. Vereitelns durch Ihre Beredsamkeit auch, daß mein Mann so lang beim Militär bleiben muß, ich werd mit dem Feld nicht fertig, und der Herr Oberst ist ihm nicht sympathisch. Und daß der Krämer, wenn er mir für Zucker und Petroleum anschreibt, mich nicht bescheißt.

MATTI: Das ist die Gelegenheit gut ausgenutzt. Aber das mit der Steuer gilt nur, wenn du den Herrn Puntila nicht kriegst. Die ihn kriegt, kann zahlen.

Auch mit dem Doktor werdet ihr ein Glas anstoßen,
was werdet ihr dem sagen?

DIE TELEFONISTIN: Herr Doktor, werd ich ihm sagen,
ich hab wieder Stiche im Kreuz, aber blickens nicht
so düster, beißens die Zähn zusammen, ich zahl die
Doktorsrechnung, sobald ich den Herrn Puntila geheiratet hab. Und nehmen Sie sich Zeit mit mir, wir
sind erst bei der Grütze, das Wasser zum Kaffee
ist noch gar nicht aufgesetzt, und Sie sind für die
Volksgesundheit verantwortlich.

Zwei Arbeiter rollen zwei Fässer Bier ins Haus.

DIE SCHMUGGLEREMMA: Da geht Bier hinein.

MATTI: Und ihr werdet auch mit dem Probst sitzen.
Was werdet ihr dem sagen?

DAS KUHMÄDCHEN: Ich werd sagen: Von jetzt ab hab
ich Zeit, daß ich am Sonntag in die Kirch geh, wenn
ich Lust hab.

MATTI: Das ist zu kurz für ein Tischgespräch. Ich
werd also hinzusetzen: Herr Probst, daß die Lisu,
das Kuhmädchen, heut von einem porzellanenen
Teller ißt, das muß Sie am meisten freuen, denn
vor Gott sind alle gleich, steht es geschrieben, also
warum nicht vor dem Herrn Puntila? Und sie wird
Ihnen bestimmt was zugute kommen lassen als neue
Gutsherrin, ein paar Flaschen Weißen zum Ge-
burtstag wie bisher, damit Sie in der Kanzel weiter
schön von den himmlischen Auen reden, weil sie
selber nicht mehr auf den irdischen Auen die Küh
melken muß.

*Während Mattis großen Reden ist Puntila auf die
Altane getreten. Er hat finster zugehört.*

PUNTILA: Wenns ausgeredet haben, lassen Sie's mich wissen. Wer ist das?

DIE TELEFONISTIN *lachend:* Ihre Bräute, Herr Puntila, Sie werden sie doch kennen?

PUNTILA: Ich? Ich kenn keine von euch.

DIE SCHMUGGLEREMMA: Doch, Sie kennen uns, mindestens am Ring.

DAS APOTHEKERFRÄULEIN: Von der Gardinenstang der Apothek in Kurgela.

PUNTILA: Was wollens hier? Stunk machen?

MATTI: Herr Puntila, es ist vielleicht jetzt ein ungünstiger Zeitpunkt mitten am Vormittag, aber wir haben hier eben besprochen, wie wir zur Heiterkeit bei der Verlobung auf Puntila beitragen können, und einen Bund der Bräute des Herrn Puntila gegründet.

PUNTILA: Warum nicht gleich eine Gewerkschaft? Wo du herumlungerst, wachst so was leicht aus'm Boden, ich kenn dich, ich kenn die Zeitung, die du liest!

DIE SCHMUGGLEREMMA: Es ist nur zum Spaß und für einen Kaffee vielleicht.

PUNTILA: Ich kenn eure Späß! Ihr seids gekommen, zu erpressen, daß ich euch was in den Rachen werf!

DIE SCHMUGGLEREMMA: No, no, no!

PUNTILA: Aber ich werd's euch geben, einen guten Tag wollt ihr euch aus mir machen für meine Freundlichkeit. Ich rat euch, gehts vom Gut, bevor ich euch vertreib und die Polizei anruf. Du da bist die Telefonistin von Kurgela, dich erkenn ich, ich werd beim Amt anrufen lassen, ob sie solche Späße billigen bei der Post, und wer die andern sind, bring ich noch heraus.

DIE SCHMUGGLEREMMA: Wir verstehen. Wissens, Herr
   Puntila, es wär mehr zur Erinnerung und für die
   alten Tag gewesen. Ich glaub, ich setz mich direkt
   nieder auf Ihrem Hof, daß ich sagen kann: Einmal bin ich auf Puntila gesessen, ich war eingeladen.
   Sie setzt sich auf den Boden. So, jetzt kann's keiner
   mehr bestreiten und ableugnen, ich sitz schon. Ich
   brauch nie sagen, daß es nicht auf einem Stuhl war,
   sondern auf'm nackten tavastländischen Boden, von
   dem's in den Schulbüchern heißt: er macht Müh,
   aber er lohnt die Müh, freilich nicht, wem er die
   Müh macht und wem er sie lohnt. Hab ich nicht
   an ein gebratenes Kalb hingerochen und ein Butter-
   faß gesehn und war etwa kein Bier da? *Sie singt:*
   Und der See und der Berg und die Wolken überm
                                                   Berg!
   Teuer ist's dem tavastländischen Volke
   Von der Wälder grüner Freude bis zu Aabos
                                                   Wasserwerk.

   Hab ich recht? Und jetzt hebts mich auf, laßts mich
   nicht sitzen in der historischen Position.

PUNTILA: Ihr gehts vom Gut!

*Die vier Frauen werfen ihre Strohkränze auf die Erde
und gehen vom Hof. Matti kehrt das Stroh zusammen.*

8

Finnische Erzählungen

Distriktstraße. Es ist Abend. Die vier Frauen auf dem Heimweg.

DIE SCHMUGGLEREMMA: Wie soll eins wissen, in welcher Laun man sie grad antrifft. Wenns gut gesoffen haben, machens einen Witz und kneifen einen wer weiß wo, und man hat seine Müh, daß sie nicht gleich intim werden und rein in Himbeerstrauch, aber fünf Minuten danach ist ihnen was über die Leber gekrochen und sie wollen am liebsten die Polizei holen. In meinem Schuh muß ein Nagel herausstehen.

DIE TELEFONISTIN: Die Sohle ist auch ab.

DAS KUHMÄDCHEN: Der ist nicht für fünf Stunden Distriktstraße gemacht.

DIE SCHMUGGLEREMMA: Ich hab ihn kaputtgelaufen. Er hätt noch ein Jahr halten sollen. Ich bräucht einen Stein. *Alle setzen sich, und sie klopft den Nagel im Schuh nieder.* Wie ich sag, man kann die Herren nicht berechnen, sie sind bald so, bald so und dann wieder so. Die Frau vom vorigen Polizeimeister hat mich oft mitten in der Nacht holen lassen, daß ich ihr die gechwollenen Füß massier, und jedesmal war sie anders, je nachdem, wie sie mit ihrem Mann gestanden ist. Er hat was mit dem Dienstmädchen gehabt. Wie sie mir einmal Pralinees geschenkt hat, hab ich gewußt, daß er das Ding weggeschickt hat, und kurz darauf hat er sie scheint's doch wieder aufgesucht, denn sie hat sich um alles in der Welt, wie sehr sie sich auch den Kopf zerbrochen hat, nicht erinnern können, daß ich sie zehnmal im Monat und nicht nur sechsmal massiert' hab. Ein so schlechtes Gedächtnis hat sie plötzlich gekriegt.

DAS APOTHEKERFRÄULEIN: Manchmal haben sie auch ein langes. Wie der Amerikapekka, der ein Vermögen gemacht hat drüben und zu seinen Verwandten zurückgekehrt ist nach zwanzig Jahren. Sie waren so arm, daß sie von meiner Mutter die Kartoffelschalen bettelten, und wie er sie besucht hat, haben sie ihm einen Kalbsbraten vorgesetzt, damit er gut gelaunt würd. Er hat ihn gegessen und dabei erzählt, daß er der Großmutter einmal zwanzig Mark geliehen hat, und hat den Kopf geschüttelt, daß es ihnen so elend geht, daß sie nicht einmal ihre Schulden zurückzahlen können.

DIE TELEFONISTIN: Die verstehen's. Aber von etwas müssen sie ja reich werden. Ein Gutsherr aus unserer Gegend hat sich von seinem Häusler in einer Nacht im Winter 1908 übers Eis vom See führen lassen. Sie haben gewußt, daß im Eis ein Riß war, aber nicht wo, und der Häusler hat vorausgehen müssen die zwölf Kilometer. Dem Herrn ist angst geworden und er hat ihm einen Gaul versprochen, wenn sie hinüberkommen. Wie sie so in der Mitte gewesen sind, hat er wieder geredet und gesagt: Wenn du durchfindest und ich brech nicht ein, kriegst du ein Kalb. Dann hat man das Licht von einem Dorf gesehn und er hat gesagt: Gib dir Müh, damit du dir die Uhr verdienst. Fünfzig Meter vom Ufer hat er noch von einem Sack Kartoffeln gesprochen, und

wie sie da waren, hat er ihm eine Mark gegeben und
gesagt: Lang hast du gebraucht. Wir sind zu dumm
für ihre Witz und Tricks und fallen ihnen immer
wieder herein. Warum, sie schauen aus wie unser-
einer, und das täuscht. Wenn sie ausschauten wie Bä-
ren oder Kreuzottern, möcht man auf der Hut sein.

DAS APOTHEKERFRÄULEIN: Keine Späß mit ihnen
machen und nichts von ihnen nehmen!

DIE SCHMUGGLEREMMA: Nichts von ihnen nehmen, das
ist gut, wenn sie alles haben und wir nichts. Nimm
nichts vom Fluß, wenn du verdurstest!

DAS APOTHEKERFRÄULEIN: Ich hab starken Durst, ihr.

DAS KUHMÄDCHEN: Ich auch.

DIE TELEFONISTIN: Unsereins geht immer leer aus.

DAS KUHMÄDCHEN: In Kausala hat eine was gehabt
mit einem Bauernsohn, wo sie Magd war. Ein Kind
ist gekommen, aber vor dem Gerichtshof in Helsingfors hat er alles abgeschworen, daß er keine Alimente zu zahlen brauchte. Ihre Mutter hat einen
Advokaten genommen, der hat seine Briefe vom
Militär dem Gericht auf den Tisch gelegt. Die Briefe
waren so, daß alles klar war und er seine fünf
Jahr für Meineid hätt bekommen müssen. Aber wie
der Richter den ersten Brief verlesen hat, ganz langsam hat er's gemacht, ist sie vor ihn hingetreten und
hat sie zurückverlangt, so daß sie keine Alimente
gekriegt hat. Das Wasser ist ihr, heißt's, aus den
Augen gelaufen wie ein Fluß, wie sie mit den Brie-
fen aus dem Landgericht gekommen ist, und die Mutter war fuchtig, und er hat gelacht. Das ist die Liebe.

DIE TELEFONISTIN: Es war dumm von ihr.

DIE SCHMUGGLEREMMA: Aber so was kann auch klug

sein, je nachdem. Einer aus der Viborger Gegend hat nichts von ihnen genommen. Er war 18 dabei, bei den Roten, und in Tammerfors haben sie ihn dafür ins Lager gesperrt, ein junger Bursch, er hat dort Gras fressen müssen vor Hunger, nichts haben sie ihnen zu fressen gegeben. Seine Mutter hat ihn besucht und ihm was gebracht. 80 Kilometer her ist sie gekommen. Sie war eine Häuslerin, und die Gutsbesitzerin gibt ihr einen Fisch mit und ein Pfund Butter. Sie ist zu Fuß gegangen, und wenn ein Bauernwagen sie mitgenommen hat, ist sie ein Stück gefahren. Zu dem Bauern hat sie gesagt: „Ich geh nach Tammerfors, meinen Sohn Athi besuchen bei den Roten im Lager, und die Gutsherrin gibt mir für ihn einen Fisch mit und das Pfund Butter, die Gute." Wenn der Bauer das hörte, hat er sie absteigen heißen, weil ihr Sohn ein Roter war, aber wenn sie bei den Frauen vorbeigekommen ist, die am Fluß gewaschen haben, hat sie wieder erzählt: „Ich geh nach Tammerfors, meinen Sohn besuchen im Lager für die Roten, und die Gustherrin, die Gute, gibt mir für ihn einen Fisch mit und das Pfund Butter." Und wie sie ins Lager nach Tammerfors kam, sagte sie auch vor dem Kommandanten ihr Sprüchlein auf, und er hat gelacht, und sie hat hineindürfen, was sonst verboten war. Vor dem Lager ist noch Gras gewachsen, aber hinter dem Stacheldrahtzaun gab's kein grünes Gras mehr, kein Blatt an einem Baum, sie haben's alles aufgegessen gehabt. Das ist wahr, ihr. Den Athi hat sie zwei Jahr nicht gesehen gehabt, mit dem Bürgerkrieg und der Gefangenschaft, und mager war er sehr. „Da bist du ja, Athi, und schau, hier ist ein Fisch und die Butter, die hat mir die Gutsherrin für dich mitgegeben." Der Athi sagt ihr guten Tag und erkundigt sich nach ihrem Rheuma und nach einigen Nachbarn, aber den Fisch und die Butter hätt er nicht genommen um die Welt, sondern er ist bös geworden und hat gesagt: „Hast du die bei der Gutsherrin gebettelt? Da kannst du grad so gut alles wieder mitnehmen, ich nehm nichts von denen." Sie hat ihre Geschenke wieder einwickeln müssen, so verhungert der Athi war, und hat Adjö gesagt und ist zurück, wieder zu Fuß, und mit'm Wagen nur, wenn eines sie mitgenommen hat. Zu dem Bauernknecht hat sie jetzt gesagt: „Mein Athi im Gefangenenlager hat einen Fisch und Butter nicht genommen, weil ich's bei der Gutsherrin gebettelt hab, und er nimmt nichts von denen." Der Weg war ja weit und sie schon alt, und sie hat sich ab und zu am Straßenrand niedersetzen müssen und ein bissel von dem Fisch und Butter essen, denn sie waren schon nicht mehr ganz gut und stanken sogar schon ein wenig. Aber zu den Frauen am Fluß sagte sie jetzt: „Mein Athi im Gefangenenlager hat den Fisch und die Butter nicht haben wollen, weil ich's bei der Gutsherrin gebettelt hab, und er nimmt nichts von denen." Das sagte sie zu allen, die sie getroffen hat, so daß es einen Eindruck gemacht hat am ganzen Weg, und der war 80 Kilometer lang.

DAS KUHMÄDCHEN: Solche wie der ihren Athi gibt es.

DIE SCHMUGGLEREMMA: Zu wenige.

Sie stehen auf und gehen schweigend weiter.

9

Puntila verlobt seine Tochter einem Menschen

Eßzimmer mit kleinen Tischchen und einem riesigen Büfett. Der Probst, der Richter und der Advokat stehen und nehmen rauchend den Kaffee. Im Eck sitzt Puntila und trinkt schweigsam. Nebenan wird zu Grammophonmusik getanzt.

DER PROBST: Einen echten Glauben findet man selten. Statt dessen findet man Zweifel und Gleichgültigkeit, daß man an unserm Volk verzweifeln könnt. Ich hämmer ihnen dauernd ein, daß ohne Ihn nicht eine Blaubeer wachsen würd, aber sie nehmen die Naturprodukte wie was ganz Natürliches und fressens hinunter, als ob es sein müßte. Ein Teil von dem Unglauben ist der Tatsache zuzuschreiben, daß sie nicht in die Kirch gehen und mich vor leeren Bänken predigen lassen, als ob sie nicht genug Fahrräder hätten, jede Kuhmagd hat eins, aber es kommt auch von der Schlechtigkeit, die angeboren ist. Wie soll ich mir sonst so was erklären, wie daß ich an einem Sterbebett letzte Woche von dem rede, was den Menschen im Jenseits erwartet, und von ihm vorgelegt bekomm: Meinens, die Kartoffeln halten den Regen aus? So was läßt einen fragen, ob unsere ganze Tätigkeit nicht einfach für die Katz ist!

DER RICHTER: Ich versteh Sie. Kultur hineintragen in diese Kaffs ist kein Honigschlecken.

DER ADVOKAT: Wir Advokaten haben auch keine

leichte Existenz. Wir haben immer von den kleinen Bauern gelebt, von den eisernen Charaktern, die lieber an Bettelstab wollen als auf ihr Recht verzichten. Die Leut streiten sich immer noch ganz gern herum, aber ihr Geiz ist ihnen im Weg. Sie möchten sich gern beleidigen und mit'm Messer stechen und einander lahme Gäul aufhängen, aber wenn sie merken, daß Prozessieren Geld kostet, dann lassen sie in ihrem Eifer schnell nach und brechen den schönsten Prozeß ab, nur um des lieben Mammons willen.

DER RICHTER: Das ist das kommerzielle Zeitalter. Es ist eine Verflachung und das gute Alte verschwindet. Es ist furchtbar schwer, am Volk nicht zu verzweifeln, sondern es immer von neuem mit ihm zu versuchen, ob man nicht etwas Kultur hineinbringt.

DER ADVOKAT: Dem Puntila wachsen die Felder von selber immer wieder nach, aber so ein Prozeß ist dagegen ein furchtbar empfindliches Geschöpf, bis man das groß kriegt, da können oft graue Haare kommen. Wie oft denkt man, jetzt ist es aus mit ihm, es kann nicht weitergehen, ein neuer Beweisantrag ist nicht mehr möglich, er stirbt jung, und dann geht es doch, und er erholt sich wieder. Am vorsichtigsten muß man mit einem Prozeß sein, wenn er noch im Säuglingsalter ist, da ist die Sterblichkeit am größten. Wenn man ihn erst ins Jünglingsalter hinaufgepäppelt hat, weiß er schon allein, wie er weiterkommt und kennt sich selber aus, und ein Prozeß, der älter als vier, fünf Jahr ist, hat alle Aussicht, alt und grau zu werden. Aber bis er soweit ist! Ach, das ist ein Hundeleben!

Herein der Attaché mit der Pröbstin.

PRÖBSTIN: Herr Puntila, Sie sollten sich um Ihre Gäste kümmern, der Herr Minister tanzt grad mit dem Fräulein Eva, aber er hat schon nach Ihnen gefragt.

Puntila gibt keine Antwort.

DER ATTACHÉ: Die Frau Pröbstin hat dem Minister gerade eine ganz entzückende witzige Antwort gegeben. Er hat sie gefragt, ob sie den Jazz goutiert. Ich war in meinem Leben noch nicht so gespannt, wie sie sich aus der Affäre ziehen würde. Sie hat ein wenig überlegt und geantwortet, daß man zur Kirchenorgel ja sowieso nicht tanzen kann, also ist's ihr gleich, welche Instrumente man nimmt. Der Minister hat sich halb totgelacht über den Witz. Was sagst du dazu, Puntila?

PUNTILA: Nichts, weil ich meine Gäste nicht kritisier. *Winkt den Richter zu sich.* Fredrik, gefällt dir die Visage?

DER RICHTER: Welche meinst du?

PUNTILA: Die von dem Attaché. Sag, im Ernst!

DER RICHTER: Gib acht, Johannes, der Punsch ist ziemlich stark.

DER ATTACHÉ *summt die Melodie von nebenan mit und macht Fußbewegungen im Takt:* Das geht in die Beine, nicht wahr?

PUNTILA *winkt wieder dem Richter, der versucht, ihn zu übersehen:* Fredrik! Sag die Wahrheit, wie gefällt sie dir? Sie kost mich einen Wald.

Die anderen Herren summen ebenfalls mit: „Ich suche nach Tittine . . .“

DER ATTACHÉ *ahnungslos:* Ich kann mir keine Texte merken, schon in der Schule, aber den Rhythmus hab ich im Blut.

DER ADVOKAT *da Puntila sehr heftig winkt:* Es ist etwas warm herinnen, gehn wir in den Salon! *Er will den Attaché wegziehen.*

DER ATTACHÉ: Neulich hab ich mir doch eine Zeile gemerkt: „We have no bananas." Ich bin also optimistisch mit meinem Gedächtnis.

PUNTILA: Fredrik! Schau sie dir an und dann urteil! Fredrik!

DER RICHTER: Kennen Sie den Witz von dem Juden, der seinen Mantel im Kaffeehaus hat hängen lassen? Darauf sagt der Pessimist: Ja, er wird ihn wiederkriegen! Und ein Optimist sagt: Nicht wird er ihn wiederkriegen!

Die Herren lachen.

DER ATTACHÉ: Und hat er ihn wiedergekriegt?

Die Herren lachen.

DER RICHTER: Ich glaub, Sie haben die Pointe nicht ganz erfaßt.

PUNTILA: Fredrik!

DER ATTACHÉ: Den müssen Sie mir erklären. Ich glaub, Sie haben die Antwort verwechselt. Der Optimist sagt doch: Ja, er wird ihn wiederkriegen!

DER RICHTER: Nein, der Pessimist! Verstehn Sie doch, der Witz liegt darin, daß der Mantel alt ist und es besser ist, er ist verloren!

DER ATTACHÉ: Ach so, der Mantel ist alt? Das haben

Sie vergessen zu erwähnen. Hahaha! Das ist der kapitalste Witz, den ich je gehört hab!

PUNTILA *steht finster auf:* Jetzt muß ich einschreiten. Einen solchen Menschen brauch ich nicht zu dulden. Fredrik, du verweigerst mir die grade Antwort auf meine ernste Frag, was du zu einer solchen Visage sagst, wenn ich sie in die Familie krieg. Aber ich bin Manns genug, mir schlüssig zu werden. Ein Mensch ohne Humor ist überhaupt kein Mensch. *Würdig:* Verlassen Sie mein Haus, ja Sie, drehen Sie sich nicht herum, als ob ich jemand andern meinen könnt.

DER RICHTER: Puntila, du gehst zu weit.

DER ATTACHÉ: Meine Herren, ich bitt Sie, daß Sie den Vorfall vergessen. Sie ahnen nicht, wie prekär die Stellung der Mitglieder des diplomatischen Korps ist. Wegen der kleinsten moralischen Antastbarkeit kann das Agrément verweigert werden. In Paris, auf dem Montmartre, hat die Schwiegermama des rumänischen Legationssekretärs mit dem Regenschirm auf ihren Liebhaber losgeschlagen, und sofort war der Skandal fertig.

PUNTILA: Eine Heuschrecke im Frack! Waldfressende Heuschrecke.

DER ATTACHÉ *eifrig:* Sie verstehn, nicht, daß sie einen Liebhaber hat, das ist die Regel, auch nicht, daß sie ihn verprügelt, das ist begreiflich, aber daß es mit dem Regenschirm ist, das ist vulgär. Es ist die Nuance.

DER ADVOKAT: Puntila, da hat er recht. Seine Ehr ist sehr empfindlich. Er ist im diplomatischen Dienst.

DER RICHTER: Der Punsch ist zu stark für dich, Johannes.

PUNTILA: Fredrik, du verstehst den Ernst der Situation nicht.

DER PROBST: Der Herr Puntila ist ein wenig aufgeregt, Anna, vielleicht siehst du in den Salon!

PUNTILA: Gnädige Frau, Sie brauchen sich nicht zu beunruhigen, daß ich meine Fassung verlieren könnt. Der Punsch ist normal, und was mir zu stark ist, ist nur die Visage von diesem Herrn, gegen die ich einen Widerwillen hab, den Sie begreifen können.

DER ATTACHÉ: Über meinen Humor hat sich die Prinzessin Bibesco schmeichelhaft ausgesprochen, indem sie der Lady Oxford gegenüber bemerkte, ich lach über einen Witz oder ein Bonmot schon im voraus, das heißt, daß ich schnell versteh.

PUNTILA: Seinen Humor, Fredrik!

DER ATTACHÉ: Solang keine Namen genannt werden, ist alles noch reparabel, nur wenn Namen genannt werden zusammen mit Injurien, ist's unreparabel.

PUNTILA *mit schwerem Sarkasmus:* Fredrik, was mach ich? Ich hab seinen Namen vergessen, jetzt krieg ich ihn nie mehr los, sagt er. Gott sei Dank, jetzt fällt's mir wieder ein, daß ich seinen Namen auf einem Schuldschein gelesen hab, den ich hab kaufen sollen, und daß er der Eino Silakka ist, vielleicht geht er jetzt, was meinst du?

DER ATTACHÉ: Meine Herren, jetzt ist ein Name gefallen. Jetzt kommt's auf jedes fernere Wort an, das nicht auf die Goldwaage gelegt ist.

PUNTILA: Da ist man hilflos. *Plötzlich brüllend:* Geh sofort hinaus hier und laß dich nicht mehr blicken auf Puntila, ich verlob meine Tochter nicht mit einer befrackten Heuschrecke!

DER ATTACHÉ *sich zu ihm umdrehend:* Puntila, jetzt wirst du beleidigend. Jetzt überschreitest du die feine Grenze, wo's ein Skandal wird, wenn du mich aus deinem Haus hinauswirfst.

PUNTILA: Das ist zuviel. Meine Geduld reißt. Ich habe mir vorgenommen, ich laß dich unter uns verstehen, daß deine Visage mir auf die Nerven fällt und besser, du verschwindest, aber du zwingst mich, daß ich deutlich werd und „Scheißkerl, hinaus!" sag.

DER ATTACHÉ: Puntila, das nehm ich krumm. Ich empfehl mich, meine Herren. *Ab.*

PUNTILA: Geh nicht so langsam! Ich will dich laufen sehn, ich werd dir's zeigen, mir freche Antworten zu geben!

Er läuft ihm nach. Alle außer der Pröbstin und dem Richter folgen ihm.

DIE PRÖBSTIN: Das wird ein Skandal.

Herein Eva.

EVA: Was ist los? Was ist das für ein Lärm auf dem Hof?

DIE PRÖBSTIN *auf sie zulaufend:* O Kind, etwas Unangenehmes ist geschehen, du mußt dich mit großer Seelenstärke wappnen.

EVA: Was ist geschehn?

DER RICHTER *holt ein Glas Sherry:* Trink das, Eva. Dein Vater hat eine ganze Flasche Punsch ausgetrunken, und plötzlich hat er eine Idiosynkrasie gegen das Gesicht von Eino bekommen und ihn herausgejagt.

EVA *trinkt:* Der Sherry schmeckt nach dem Korken, schad. Was hat er ihm denn gesagt?

DIE PRÖBSTIN: Bist du denn nicht außer dir, Eva?

EVA: Doch, natürlich.

Der Probst kehrt zurück.

DER PROBST: Es ist schrecklich.

DIE PRÖBSTIN: Was ist? Ist was passiert?

DER PROBST: Eine schreckliche Szene auf dem Hof. Er hat ihn mit Steinen beworfen.

EVA: Und getroffen?

DER PROBST: Ich weiß nicht. Der Advokat hat sich dazwischen geworfen. Und der Minister nebenan im Salon!

EVA: Onkel Fredrik, jetzt bin ich fast sicher, daß er fährt. Gut, daß wir den Minister hergebracht haben. Der Skandal wär nicht halb so groß gewesen.

DIE PRÖBSTIN: Eva!

Herein Puntila mit Matti, dahinter Laina und Fina.

PUNTILA: Ich hab eben einen tiefen Blick in die Verworfenheit der Welt getan. Ich bin hineingegangen mit den besten Absichten und hab verkündet, daß ein Irrtum gemacht worden ist, daß ich meine einzige Tochter beinahe an eine Heuschrecke verlobt hätte und mich jetzt beeilen will, sie an einen Menschen zu verloben. Ich hab seit langem beschlossen gehabt, daß ich meine Tochter mit einem guten Menschen verheirat, dem Matti Altonen, einem tüchtigen Chauffeur und Freund von mir. Alle sollen also ein Glas auf das glückliche junge Paar leeren. Was glaubt ihr, das ich zur Antwort bekommen hab? Der Minister, den ich für einen gebildeten Menschen gehalten hab, hat mich angesehen wie einen giftigen Pilz und hat nach seinen Wagen gerufen. Und die andern haben ihn natürlich nachgeäfft. Traurig. Ich bin mir wie ein christlicher Märtyrer vor den Löwen vorgekommen und hab mit meiner Meinung nicht hinterm Berg gehalten. Er ist schnell gegangen, aber vor dem Auto hab ich ihn glücklicherweise doch noch eingeholt und ihm sagen können, daß ich ihn auch für einen Scheißkerl halt. Ich glaub, ich hab in eurem Sinn gesprochen.

MATTI: Herr Puntila, ich glaub, wir sollten zusammen in die Küch gehn und die Sache bei einer Flasche Punsch durchsprechen.

PUNTILA: Warum in der Küch? Eure Verlobung ist überhaupt noch nicht gefeiert, nur die falsche. Ein Mißgriff! Stellts die Tisch zusammen, baut eine Festtafel auf. Wir feiern. Fina, setz dich neben mich!

Er setzt sich in die Saalmitte, und die andern bauen vor ihm aus den kleinen Tischchen einen langen Eßtisch auf. Eva und Matti holen zusammen Stühle.

EVA: Schau mich nicht so an, wie mein Vater ein Frühstücksei anschaut, das schon riecht. Ich erinner mich, daß du mich schon anders angeschaut hast.

MATTI: Das war pro forma.

EVA: Wie du heut nacht mit mir zum Krebsefangen auf die Insel wolltest, war's nicht zum Krebsefangen.

MATTI: Das war in der Nacht, und es war auch nicht zum Heiraten.

PUNTILA: Probst, neben das Küchenmädchen! Frau

Pröbstin, zur Köchin! Fredrik, setz du dich auch einmal an einen anständigen Tisch!

Alle setzen sich widerstrebend nieder. Es entsteht ein Schweigen.

DIE PRÖBSTIN *zur Köchin:* Haben Sie schon Pilze eingelegt dieses Jahr?

LAINA: Ich leg sie nicht ein. Ich trockne sie.

DIE PRÖBSTIN: Wie machens das?

LAINA: Ich schneid sie in grobe Stücke und fädel sie mit einer Nadel auf eine Schnur und häng sie in die Sonne.

PUNTILA: Ich möcht was über den Verlobten meiner Tochter sagen. Matti, ich hab dich im geheimen studiert und mir ein Bild von deinem Charakter gemacht. Ich red nicht davon, daß es keine zerbrochenen Maschinen mehr gibt, seit du auf Puntila bist, sondern ich ehr den Menschen in dir. Ich hab den Vorgang von heut vormittag nicht vergessen. Ich hab deinen Blick beobachtet, wie ich auf dem Balkon gestanden bin wie ein Nero und liebe Gäst weggejagt hab in meiner Verblendung und Vernebelung, ich hab zu dir schon von meinen Anfällen früher gesprochen. Ich bin während dem ganzen Essen, wie du vielleicht gemerkt hast, oder wenn du nicht da warst, geahnt hast, still und in mich gekehrt gesessen und hab mir ausgemalt, wie die vier jetzt zu Fuß nach Kurgela zurücklatschen, nachdems keinen Schluck Punsch bekommen haben, sondern nur grobe Wort. Ich würd mich nicht wundern, wenn sie am Puntila zweifeln. Ich stell jetzt an dich die Frag: Kannst du das vergessen, Matti?

MATTI: Herr Puntila, betrachten Sie's als vergessen. Aber sagens Ihrer Tochter mit Ihrer ganzen Autorität, daß sie sich nicht mit einem Chauffeur verloben kann.

DER PROBST: Sehr richtig.

EVA: Papa, Matti und ich haben einen kleinen Wortwechsel gehabt, während du draußen gewesen bist. Er glaubt nicht, daß du uns ein Sägewerk gibst, und meint, ich halt es nicht aus, mit ihm als einfache Chauffeursfrau zu leben.

PUNTILA: Was sagst du, Fredrik?

DER RICHTER: Frag mich nicht, Johannes, und blick mich nicht an wie ein zu Tod verwundetes Wild. Frag die Laina!

PUNTILA: Laina, ich wend mich an dich, ob du mich für fähig hältst, daß ich an meiner Tochter spar und mir ein Sägwerk und eine Dampfmühl und ein Wald dazu zu schad für sie ist.

LAINA *unterbrochen in einer geflüsterten Diskussion mit der Pröbstin über Pilze, wie man an den Gesten sehen kann:* Ich mach Ihnen gern einen Kaffee, Herr Puntila.

PUNTILA *zu Matti:* Matti, kannst du anständig f . . . .?

MATTI: Ich hör, daß ja.

PUNTILA: Das is nix. Kannst du's unanständig? Das ist die Hauptsache. Aber ich erwart keine Antwort von dir, ich weiß, du lobst dich nicht selber, es ist dir peinlich. Aber hast du die Fina gef . . .? Dann könnt ich die sprechen. Nein? Das versteh ich nicht.

MATTI: Lassen Sie's gut sein, Herr Puntila.

EVA *die ein wenig mehr getrunken hat, steht auf und hält eine Rede:* Lieber Matti, ich bitt dich, mich zu deiner Frau zu machen, damit ich einen Mann hab wie andere, und wenn du willst, gehn wir vom Platz weg zum Krebsefangen ohne Netz. Ich halt mich für nichts Besonderes, wie du vielleicht glaubst, und kann mit dir auch leben, wenn wir's knapp haben.

PUNTILA: Bravo!

EVA: Wenn du aber nicht zum Krebsefangen willst, weil es dir vielleicht unernst vorkommt, pack ich mir eine Handtasche und fahr mit dir zu deiner Mutter. Mein Vater hat nichts dagegen . . .

PUNTILA: Im Gegenteil, ich begrüß es.

MATTI *steht ebenfalls auf und trinkt schnell zwei Gläser:* Fräulein Eva, ich mach jede Dummheit mit, aber zu meiner Mutter kann ich Sie nicht mitnehmen, die alte Frau möcht einen Schlag bekommen. Warum, da ist höchstens ein Kanapee. Herr Probst, beschreibens dem Fräulein Eva eine Armeleuteküch mit Schlafgelegenheit!

DER PROBST *ernst:* Sehr ärmlich.

EVA: Wozu es beschreiben? Ich werd's selber sehen.

MATTI: Und meine alte Mutter nach'm Bad fragen!

EVA: Ich geh ins städtische Dampfbad.

MATTI: Mit'm Geld vom Herrn Puntila? Sie haben den Sägwerksbesitzer im Kopf, aus dem wird nichts, weil der Herr Puntila ein vernünftiger Mensch ist, wenn er wieder er selber ist, morgen früh.

PUNTILA: Red nicht weiter, red nicht von dem Puntila, der unser gemeinsamer Feind ist, dieser Puntila ist heut nacht in einer Punschflasche ersoffen, der schlechte Kerl! Und jetzt steh ich da, ein Mensch bin ich geworden, trinkt ihr auch, werdets auch Menschen, verzagt nicht!

MATTI: Ich sag Ihnen, daß ich Sie nicht zu meiner Mutter nehmen kann, sie wird mir die Pantoffeln um den Kopf schlagen, wenn ich's wag und ihr eine solche Frau heimbring, damit Sie die Wahrheit wissen.

EVA: Matti, das hättst du nicht sagen sollen.

PUNTILA: Ich find auch, da haust du über die Schnur, Matti. Die Eva hat ihre Fehler und kann einmal ein bissel fett werden nach ihrer Mutter, aber das ist nicht vor dreißig oder fünfunddreißig, und jetzt kann sie sich überall zeigen.

MATTI: Ich red nicht von Fettwerden, ich red von ihrer Unpraktischkeit und daß sie keine Frau für einen Chauffeur ist.

DER PROBST: Ganz meine Meinung.

MATTI: Lachen Sie nicht, Fräulein Eva. Das Lachen würd Ihnen vergehen, wenn meine Mutter Sie ins Examen nimmt. Da würdens klein werden.

EVA: Matti, wir wollen's versuchen. Ich bin deine Chauffeursfrau, sag mir, was ich zu tun hab.

PUNTILA: Das ist ein Wort! Hol die Sandwich herein, Fina, wir machen ein gemütliches Essen, und der Matti examiniert die Eva, bis sie blau wird!

MATTI: Bleib sitzen, Fina, wir haben keine Bedienung, wenn wir von Gästen überrascht werden, ist nichts im Haus, als was für gewöhnlich in der Speis ist. Hol den Hering herein, Eva.

EVA *lustig:* Ich spring schon. *Ab.*

PUNTILA *ruft ihr nach:* Vergiß nicht die Butter! *Zu Matti:* Ich begrüß deinen Entschluß, daß du dich selbständig machen willst und von mir nichts annimmst. Das tät nicht jeder.

DIE PRÖBSTIN *zur Köchin:* Aber die Champignons salz
ich nicht ein, die koch ich in Zitron ein mit Butter,
sie müssen so klein sein wie ein Knopf. Ich nehm
auch Milchpilz zum Einlegen.

LAINA: Milchpilze sind an und für sich nicht feine
Pilz, aber sie schmecken gut. Feine Pilz sind nur
Champignons und Steinpilz.

EVA *zurück mit einer Platte mit Heringen:* In unserer
Küch ist keine Butter, hab ich recht?

MATTI: Ja, da ist er. Ich kenn ihn wieder. *Er nimmt
die Platte.* Ich hab seinen Bruder erst gestern gesehn
und einen aus seiner Familie vorgestern und so zurück Mitglieder von der Familie, seit ich selber nach
einem Teller gegriffen hab. Wie oft wollen Sie einen
Hering essen wolln in der Woche?

EVA: Dreimal, Matti, wenn's sein muß.

LAINA: Da werdens ihn öfter essen müssen, wenns
nicht wollen.

MATTI: Sie werden eine Menge lernen müssen. Meine
Mutter, die Gutsköchin war, hat ihn fünfmal die
Woche gegeben, und die Laina gibt ihn achtmal. *Er
nimmt einen Hering und faßt ihn am Schwanz.*
Willkommen, Hering, du Belag des armen Volkes!
Du Sättiger zu allen Tageszeiten und salziger
Schmerz in den Gedärmen! Aus dem Meer bist du
gekommen und in die Erde wirst du gehn. Mit
deiner Kraft werden die Fichtenwälder gefällt und
die Äcker angesät, und mit deiner Kraft gehen die
Maschinen, Gesinde genannt, die noch keine perpe-
tua mobile sind. O Hering, du Hund, wenn du nicht
wärst, möchten wir anfangen, vom Gut Schweine-
fleisch verlangen, und was würd da aus Finnland?

Er legt ihn zurück, zerschneidet ihn und gibt allen ein Stückchen.

PUNTILA: Mir schmeckt's wie eine Delikateß, weil ich's selten eß. Das ist eine Ungleichheit, die nicht sein sollt. Wenn's nach mir ging, tät ich alle Einnahmen vom Gut in eine Kass, und wer vom Personal was braucht, nimmt heraus, denn ohne ihn wär ja auch nichts drin. Hab ich recht?

MATTI: Ich kann's Ihnen nicht raten. Warum, Sie wären schnell ruiniert und die Bank würd übernehmen.

PUNTILA: Das sagst du, aber ich sag anders. Ich bin beinah ein Kommunist, und wenn ich ein Knecht wär, würd ich dem Puntila das Leben zur Höll machen. Setz dein Examen fort, es interessiert mich.

MATTI: Wenn ich bedenk, was eine können muß, die ich meiner Mutter vorführ, denk ich gleich an meine Socken. *Er zieht einen Schuh aus und gibt Eva die Socke.* Können Sie die zum Beispiel flicken?

DER RICHTER: Das ist viel verlangt. Ich hab zu dem Hering geschwiegen, aber die Liebe von der Julia zum Romeo möcht eine solche Zumutung nicht überlebt haben wie Sockenflicken. Eine solche Liebe, die zu so einer Aufopferung fähig ist, könnt auch leicht unbequem werden, denn sie ist ihrer Natur nach zu feurig und also geeignet, die Gericht zu beschäftigen.

MATTI: In den untern Ständen werden die Socken nicht nur aus Liebe geflickt, sondern auch aus Ersparnisgründen.

DER PROBST: Ich glaub nicht, daß die guten Fräuleins,

die sie in Brüssel erzogen haben, an diese Eventuali-
tät gedacht haben.

*Eva ist mit Nadel und Zwirn zurückgekehrt und fängt
an zu nähen.*

MATTI: Was an ihrer Erziehung versäumt worden ist,
muß sie jetzt nachholen. *Zu Eva:* Ich werf Ihnen
Ihre Unbildung nicht vor, so lang Sie Eifer zeigen.
Sie haben in der Wahl Ihrer Eltern Unglück gehabt
und nichts Richtiges gelernt. Schon der Hering vorhin hat die riesigen Lücken in Ihrem Wissen gezeigt.
Ich hab den Socken mit Vorbedacht gewählt, damit
ich seh, was in Ihnen steckt.
FINA: Ich könnt's dem Fräulein Eva zeigen.
PUNTILA: Nimm dich zusammen, Eva, du hast einen
guten Kopf, du mußt es treffen.

*Eva gibt Matti zögernd die Socke. Er hebt sie hoch
und betrachtet sie sauer lächelnd, da sie hoffnungslos
vernäht ist.*

FINA: Ohne Stopfei hätt ich's auch nicht besser fertig
gebracht.
PUNTILA: Warum hast du keins genommen?
MATTI: Unkenntnis. *Zum Richter, der lacht:* Lachens
nicht, der Socken ist hin. *Zu Eva:* Wenns einen
Chauffeur heiraten wollen, ist das eine Tragödie,
denn da müssen Sie sich nach der Decke strecken,
und die ist kurz, Sie werden sich wundern. Aber ich
geb Ihnen noch eine Chance, damit Sie besser ab-
schneiden.
EVA: Ich geb zu, das mit der Socke ist nicht gelungen.
MATTI: Ich bin Chauffeur auf einem Gut, und Sie

helfen beim Waschen und im Winter beim Ofen-
heizen. Ich komm abends heim und wie behandeln
Sie mich da?

EVA: Das werd ich besser treffen, Matti. Komm heim.

*Matti geht einige Schritte weg und tritt anscheinend
durch eine Tür ein.*

EVA: Matti! *Sie läuft auf ihn zu und küßt ihn.*
MATTI: Erster Fehler. Vertraulichkeiten und Schnick-
schnacks, wenn ich müd heimkomm.

*Er geht anscheinend zu einer Wasserleitung und wäscht
sich. Dann streckt er die Hand nach einem Handtuch
aus.*

EVA *hat angefangen zu plaudern:* Armer Matti, bist
du müd? Ich hab den ganzen Tag dran denken müssen, wie du dich abplagst. Ich würd's dir so gern
abnehmen.

*Fina gibt ihr ein Tischtuch in die Hand, sie gibt es
niedergedrückt Matti.*

EVA: Entschuldige, ich hab nicht verstanden, was du
haben willst.

*Matti brummt unfreundlich und setzt sich auf einen
Stuhl am Tisch. Dann streckt er ihr die Stiefel hin. Sie
versucht, sie auszuziehen.*

PUNTILA *ist aufgestanden und sieht gespannt zu:* Zieh!
DER PROBST: Ich halte das für eine sehr gesunde Lektion. Sie sehen, wie unnatürlich es ist.
MATTI: Ich mach das nicht immer, ich hab nur heut
zum Beispiel den Traktor gefahren und bin halb

tot, und man muß damit rechnen. Was hast du heut geschafft?

EVA: Gewaschen, Matti.

MATTI: Wieviel große Stücke habens dich auswaschen lassen?

EVA: Vier, aber Bettlaken.

MATTI: Fina, sag's ihr.

FINA: Sie haben mindestens siebzehn gemacht und zwei Zuber Buntes.

MATTI: Habt ihr das Wasser durch den Schlauch bekommen oder habt ihr's mit'm Eimer reingießen müssen, weil der Schlauch hin ist wie auf Puntila?

PUNTILA: Gib mir nur Saures, Matti, ich bin ein schlechter Mensch.

EVA: Mit'm Eimer.

MATTI: Die Nägel hast du dir – *er nimmt ihre Hand auf* – beim Wäschereiben oder beim Feuern gebrochen. Überhaupt nimmst du besser immer bissel Fett drauf, meine Mutter hat so – *er zeigt es* – dicke Händ bekommen mit der Zeit und rot. Ich denk, du bist müd, aber meine Montur mußt du mir noch auswaschen, ich brauch sie morgen sauber.

EVA: Ja, Matti.

MATTI: Dann ist sie schön trocken morgen früh, und du brauchst zum Bügeln nicht vor halb sechs aus'm Bett.

Matti sucht mit der Hand was neben sich auf dem Tisch.

EVA *alarmiert:* Was ist es?

FINA: Zeitung.

Eva springt auf und hält Matti anscheinend eine Zei-

*tung hin. Er nimmt sie nicht, sondern greift finster
weiter auf dem Tisch herum.*

FINA: Auf den Tisch!

*Eva legt sie endlich auf den Tisch, aber sie hat den
zweiten Stiefel noch nicht ausgezogen, und er stampft
ungeduldig mit ihm auf. Sie setzt sich wieder dazu auf
den Boden. Wenn sie ihn aus hat, steht sie erleichtert
auf, schnauft aus und richtet sich das Haar.*

EVA: Ich hab mir die Schürze eingenäht, das gibt ein
    wenig Farbe hinein, nicht? Man kann überall etwas
    Farbe hineinbringen, ohne daß es viel kostet, man
    muß es nur verstehn. Wie gefällt sie dir, Matti?

*Matti, im Zeitunglesen gestört, läßt erschöpft die Zei-
tung sinken und sieht Eva leidend an. Sie schweigt
erschrocken.*

FINA: Nicht reden, wenn er die Zeitung liest!
MATTI *aufstehend:* Sehens?
PUNTILA: Ich bin enttäuscht von dir, Eva.
MATTI *fast mitleidig:* Da fehlt eben alles. Nur dreimal
    in der Woche Hering essen wollen, das Stopfei für'n
    Socken, und wenn ich abends heimkomm, fehlt die
    Feinfühligkeit, zum Beispiel das Maulhalten! Und
    dann werd ich in der Nacht gerufen, daß ich den
    Alten von der Station abhol, und was dann?
EVA: Das werd ich dir zeigen. *Sie geht anscheinend an
    ein Fenster und schreit hinaus, sehr schnell.* Was,
    mitten in der Nacht? Wo mein Mann grad heim-
    gekommen ist und seinen Schlaf braucht? Das ist die
    Höhe! Er kann im Straßengraben seinen Rausch

ausschlafen. Vor ich meinen Mann hinauslaß, versteck ich ihm die Hosen!

PUNTILA: Das ist gut, das mußt du eingestehn!

EVA: Die Leut zu nachtschlafender Zeit heraustrommeln! Als ob's nicht schon tagsüber genug Schinderei wär! Mein Mann kommt heim und fällt mir ins Bett wie ein Toter. Ich kündige! Ist das besser?

MATTI *lachend:* Eva, das ist eine schöne Leistung. Ich werd zwar gekündigt, aber wenn du das meiner Mutter vormachst, ist sie gewonnen. *Er schlägt Eva scherzhaft mit der Hand auf den Hintern.*

EVA *erst sprachlos, dann zornig:* Lassen Sie das!

MATTI: Was ist denn?

EVA: Wie können Sie sich unterstehn, dorthin zu haun?

DER RICHTER *ist aufgestanden und klopft Eva auf die Schulter:* Ich fürchte, du bist zuguterletzt doch noch durchs Examen gefallen, Eva.

PUNTILA: Was ist denn los mit dir?

MATTI: Sind Sie beleidigt? Ich hätt Ihnen nicht eins draufgeben solln, wie?

EVA *lacht wieder:* Papa, ich zweifel doch, ob's geht.

DER PROBST: So ist es.

PUNTILA: Was heißt das, du zweifelst?

EVA: Ich glaub jetzt auch, daß meine Erziehung die falsche war. Ich glaub, ich geh hinauf.

PUNTILA: Ich muß einschreiten. Setz dich sofort auf deinen Platz, Eva.

EVA: Papa, ich halt es für besser, wenn ich geh, du kannst deine Verlobung leider nicht haben, gute Nacht. *Ab.*

PUNTILA: Eva!

*Auch der Probst und der Richter beginnen aufzubre-
chen. Jedoch ist die Pröbstin noch mit Laina im Gespräch über Pilze.*

DIE PRÖBSTIN *eifrig:* Sie haben mich fast überzeugt,
  aber ich bin gewöhnt, sie einzulegen, da fühl ich
  mich sicherer. Aber ich schäl sie vorher.
LAINA: Das ist unnötig, Sie müssen nur den Dreck
  abputzen.
DER PROBST: Komm, Anna, es wird spät.
PUNTILA: Eva! Matti, ich bin fertig mit ihr. Ich verschaff ihr einen Mann, einen prachtvollen Menschen,
  und mach sie glücklich, daß sie jeden Morgen auf-
  steht und singt wie eine Lerche, und sie ist sich zu
  fein dazu und zweifelt. Ich verstoß sie. *Er läuft zur
  Tür.* Ich enterb dich! Pack deine Fetzen und ver-
  schwind aus meinem Haus! Meinst du, ich hab's
  nicht gemerkt, wie du fast den Attaché genommen
  hast, nur weil ich dir's befohlen hab, weil du keinen
  Charakter hast, du Wisch! Du bist meine Tochter
  nicht mehr!
DER PROBST: Herr Puntila, Sie sind Ihrer nicht mehr
  mächtig.
PUNTILA: Lassen Sie mich in Ruh, predigens in Ihrer
  Kirch, da ist niemand, der's hört!
DER PROBST: Herr Puntila, ich empfehl mich.
PUNTILA: Ja, gehens nur und lassens einen gramge-
  beugten Vater zurück! Ich versteh nicht, wie ich zu
  einer solchen Tochter komm, die ich bei der Sodomi-
  terei erwisch mit einer diplomatischen Heuschreck.
  Jede Kuhmagd könnt ihr sagen, wozu der Herrgott
  ihr einen Hintern geschaffen hat im Schweiß seines

Angesichts. Damit sie bei einem Mann liegt und sich die Finger ableckt nach ihm, wenn sie einen Mann zu Gesicht bekommt. *Zum Richter:* Du hast auch dein Maul nicht aufgemacht, wo's gegolten hätt, ihr die Unnatur auszutreiben. Mach, daß du rauskommst!

DER RICHTER: Puntila, jetzt ist's genug, mich läßt du in Ruh. Ich wasch meine Händ in Unschuld. *Er geht lächelnd hinaus.*

PUNTILA: Das machst du seit dreißig Jahr, du mußt sie dir schon ganz weggewaschen haben! Fredrik, du hast einmal Bauernhänd gehabt, vor du Richter geworden bist und mit dem Handwaschen in Unschuld angefangen hast!

DER PROBST *versucht, seine Frau aus dem Gespräch mit Laina zu reißen:* Anna, es ist Zeit!

DIE PRÖBSTIN: Nein, ich leg sie nicht in kaltes Wasser, und, Sie, den Fuß koch ich nicht mit. Wie lang lassen Sie sie kochen?

LAINA: Nur einmal aufkochen.

DER PROBST: Ich wart, Anna.

DIE PRÖBSTIN: Ich komm. Ich laß sie zehn Minuten kochen.

Der Probst geht achselzuckend hinaus.

PUNTILA *zurück am Tisch:* Das sind überhaupt keine Menschen. Ich kann sie nicht als Menschen betrachten.

MATTI: Genau genommen sinds das schon. Ich hab einen Doktor gekannt, wenn der einen Bauern hat seine Gäul schlagen sehn, hat er gesagt: Er behandelt sie wieder einmal menschlich. Warum, tierisch hätt nicht gepaßt.

PUNTILA: Das ist eine tiefe Weisheit, mit dem hätt ich trinken wolln. Trink noch ein halbes Glas. Das hat mir sehr gefallen, wie du sie geprüft hast, Matti.

MATTI: Entschuldigens, daß ich Ihre Tochter auf den Hintern getätschelt hab, Herr Puntila, das hat nicht zur Prüfung gehört, sondern war als Aufmunterung beabsichtigt, hat aber die Kluft zwischen uns erscheinen lassen, Sie werden's gemerkt haben.

PUNTILA: Matti, ich hab nichts zu entschuldigen, ich hab keine Tochter mehr.

MATTI: Seiens nicht unversöhnlich! *Zur Pröbstin und Laina:* Sind wenigstens Sie zu einer Einigung gelangt über die Pilze?

DIE PRÖBSTIN: Dazu gebens das Salz gleich am Anfang rein?

LAINA: Gleich am Anfang. *Beide ab.*

PUNTILA: Horch, das Gesind ist noch auf'm Tanzplatz.

Vom Teich her hört man den roten Surkkala singen.

Es lebt eine Gräfin in schwedischem Land
Die war ja so schön und so bleich.
„Herr Förster, Herr Förster, mein Strumpfband ist los
Es ist los, es ist los.
Förster, knie nieder und bind es mir gleich!"

„Frau Gräfin, Frau Gräfin, seht so mich nicht an
Ich diene Euch ja für mein Brot.
Eure Brüste sind weiß, doch das Handbeil ist kalt
Es ist kalt, es ist kalt.
Süß ist die Liebe, doch bitter der Tod."

Der Förster, er floh in der selbigen Nacht.
Er ritt bis hinab zu der See.

„Herr Schiffer, Herr Schiffer, nimm mich auf in dein
Boot
In dein Boot, in dein Boot
Schiffer, ich muß bis ans Ende der See."

Es war eine Lieb zwischen Füchsin und Hahn
„Oh, Goldener, liebst du mich auch?"
Und fein war der Abend, doch dann kam die Früh
Kam die Früh, kam die Früh:
All seine Federn, sie hängen im Strauch.

PUNTILA: Das geht auf mich. Solche Lieder schmerzen
mich tief.

*Matti hat Fina inzwischen umgefaßt und ist mit ihr
hinausgetanzt.*

10

Nocturno

Im Hof. Nacht. Puntila und Matti lassen ihr Wasser.

PUNTILA: Ich könnt nicht in der Stadt leben. Warum,
ich will zu ebener Erd herausgehn und mein Wasser im Freien lassen, unter'm Sternenhimmel, was
hab ich sonst davon? Ich hör, auf'm Land ist's primitiv, aber ich nenn's primitiv in ein Porzellan
hinein.
MATTI: Ich versteh Sie. Sie wollen's als einen Sport.

Pause.

PUNTILA: Mir gefallt's nicht, wenn einer keine Lust am
Leben hat. Ich schau mir meine Leut immer darauf
an, ob sie lustig sein können. Wenn ich einen seh,
wie er so herumsteht und das Kinn hängen läßt, hab
ich schon genug von ihm.

MATTI: Ich kann's Ihnen nachfühlen. Ich weiß nicht,
warum die Leut auf dem Gut so elend ausschaun,
käsig und lauter Knochen und zwanzig Jahr älter.
Ich glaub, sie tun es Ihnen zum Possen, sonst würdens zumindest nicht offen auf'm Hof herumlaufen,
wenn Gäst auf'm Gut sind.

PUNTILA: Als obs Hunger hätten auf Puntila.

MATTI: Und wenn, sag ich. Den Hunger müssens doch
nachgerad gewohnt sein in Finnland. Aber sie wollen nicht lernen, es fehlt an gutem Willen. Im Jahr
18 hat man 80 000 von ihnen umgelegt und danach
ist eine himmlische Ruh entstanden. Nur weil um
so viel hungrige Mäuler weniger waren.

PUNTILA: Sowas sollt nicht nötig sein.

11

Herr Puntila und sein Knecht Matti besteigen den Hatelmaberg

*Bibliothekszimmer auf Puntila. Puntila, den Kopf in
ein nasses Tuch eingebunden, studiert ächzend Rechnungen. Die Köchin Laina steht neben ihm mit einer
Schüssel und einem zweiten Tuch.*

PUNTILA: Wenn der Attaché noch einmal eine halbe

Stund vom Gut aus mit Helsinki telefoniert, lös
ich die Verlobung auf. Ich sag nichts, wenn's mich
einen Wald kostet, aber bei die kleinen Räubereien
steigt mir's Blut im Kopf. Und das Eierbuch hat
mir zuviel Klecks über den Ziffern, soll ich mich
auch noch in den Hühnerstall setzen?

FINA *herein:* Der Herr Probst und der Herr Syndikus
von der Milchgenossenschaft wollen Sie sprechen.

PUNTILA: Ich will sie nicht sehn, mir springt der Kopf,
ich glaub, ich krieg Lungenentzündung. Führ sie rein!

Herein der Probst und der Advokat. Fina schnell ab.

DER PROBST: Guten Morgen, Herr Puntila, ich hoffe,
Sie haben gut geruht. Ich hab den Herrn Syndikus
zufällig auf der Straße getroffen, und wir haben
gedacht, wir kommen auf einen Sprung her und
sehen nach Ihnen.

DER ADVOKAT: Eine Nacht der Mißverständnisse sozusagen.

PUNTILA: Ich hab schon wieder telefoniert mit dem
Eino, wenn Sie das meinen, er hat sich entschuldigt,
und damit ist die Sache aus der Welt geschafft.

DER ADVOKAT: Lieber Puntila, da ist vielleicht nur ein
Punkt zu berücksichtigen: Soweit die Mißverständnisse, die auf Puntila vorkommen, dein Familien-
leben und deinen Umgang mit den Mitgliedern der
Regierung betreffen, ist das alles deine Sache. Aber
es gibt leider andere.

PUNTILA: Pekka, red nicht um den Brei herum. Wenn
wo ein Schaden angerichtet ist, zahl ich.

DER PROBST: Betrüblicherweise gibt es Schäden, die
mit Geld nicht aus der Welt geschafft werden kön-

nen, lieber Herr Puntila. Kurz und gut, wir sind zu Ihnen gekommen, um im Geiste der Freundschaft die Angelegenheit Surkkala zur Sprache zu bringen.

PUNTILA: Was ist mit dem Surkkala?

DER PROBST: Wir haben seinerzeit Äußerungen von Ihnen entnommen, daß Sie dem Mann zu kündigen wünschten, da er als ausgemachter Roter, wie Sie selber betonten, einen unheilvollen Einfluß in der Gemeinde ausübt.

PUNTILA: Ich hab gesagt, ich schmeiß ihn hinaus.

DER PROBST: Der Kündigungstermin ist gestern gewesen, Herr Puntila, aber der Surkkala ist nicht gekündigt worden, sonst hätt ich nicht gestern seine älteste Tochter im Gottesdienst sehen können.

PUNTILA: Was, er ist nicht gekündigt worden? Laina! Dem Surkkala ist nicht gekündigt worden!

LAINA: Nein.

PUNTILA: Wie kommt das?

LAINA: Sie haben ihn, wie Sie auf dem Gesindemarkt gewesen sind, getroffen und ihn im Studebaker mit zurückgenommen und ihm einen Zehnmarkschein gegeben statt ihm gekündigt.

PUNTILA: Das ist eine Frechheit von ihm, daß er zehn Mark von mir annimmt, nachdem ich ihm mehrmals gesagt hab, er muß weg beim nächsten Termin. Fina! *Herein Fina.* Ruf sofort den Surkkala her! *Fina ab.* Ich hab sehr große Kopfschmerzen.

DER ADVOKAT: Kaffee.

PUNTILA: Richtig, Pekka, ich muß besoffen gewesen sein. Immer mach ich so was, wenn ich ein Glas zuviel hab. Ich könnt mir den Kopf abreißen. Der Kerl gehört ins Zuchthaus, er hat's ausgenutzt.

DER PROBST: Herr Puntila, ich bin überzeugt davon. Wir alle kennen Sie als einen Mann, der das Herz auf dem rechten Fleck hat. Es kann nur in einem Zustand passiert sein, wo Sie unter dem Einfluß von Getränken gestanden sind.

PUNTILA: Es ist furchtbar. *Verzweifelt:* Was sag ich jetzt dem Nationalen Schutzkorps? Das ist eine Ehrensach. Wenn's bekannt wird, werd ich geschnitten. Meine Milch nehmens mir nicht mehr ab. Da ist der Matti schuld, der Chauffeur, neben dem ist er gesessen, ich seh's vor mir. Der hat gewußt, daß ich den Surkkala nicht ausstehn kann, und mich ihm dennoch zehn Mark geben lassen.

DER PROBST: Herr Puntila, Sie brauchen die Angelegenheit auch nicht allzu tragisch zu nehmen. So was kann vorkommen.

PUNTILA: Redens nicht, daß es vorkommen kann. Wenn das so fortgeht, muß ich mich entmündigen lassen. Ich kann meine Milch nicht allein aussaufen, ich bin ruiniert. Pekka, sitz nicht herum, du mußt intervenieren, du bist der Syndikus, ich mach dem Schutzkorps eine Dotation. Das ist nur der Alkohol. Laina, ich vertrag ihn nicht.

DER ADVOKAT: Also du zahlst ihn aus. Weg muß er, er vergiftet die Atmosphäre.

DER PROBST: Ich denk, wir verabschieden uns sofort, Herr Puntila. Kein Schaden ist unreparierbar, wenn der gute Wille da ist. Der gute Wille ist alles, Herr Puntila.

PUNTILA *schüttelt ihm die Hand:* Ich dank Ihnen.

DER PROBST: Sie haben uns nichts zu danken, wir tun nur unsere Pflicht. Und tun wir sie schnell!

DER ADVOKAT: Und vielleicht erkundigst du dich auch
   gleich einmal nach dem Vorleben von deinem Chauffeur, der mir auch keinen guten Eindruck macht.

Der Probst und der Advokat ab.

PUNTILA: Laina, ich rühr keinen Tropfen Alkohol
   mehr an, nie mehr. Ich hab heut früh nachgedacht,
   wie ich aufgewacht bin. Es ist ein Fluch. Ich hab
   mir vorgenommen, ich geh in Kuhstall und faß den
   Entschluß. Ich häng an den Kühen. Was ich im Kuhstall beschließ, das steht. *Groß:* Schaff die Flaschen
   aus'm Briefmarkenschrank her, alle, mit allem Alkohol, der noch im Haus ist, ich werd ihn hier und
   jetzt vernichten, indem ich jede einzelne Flasche
   zerschmeiß. Red nicht von was sie gekostet haben,
   Laina, denk an das Gut.
LAINA: Jawohl, Herr Puntila. Aber sinds auch sicher?
PUNTILA: Der Skandal mit dem Surkkala, daß ich den
   nicht auf die Straß gesetzt hab, das ist mir eine
   Lektion. Der Altonen soll sofort auch kommen, das
   ist mein böser Geist.
LAINA: Oje, die haben schon gepackt gehabt und jetzt
   habens wieder ausgepackt.

*Laina läuft weg; herein kommen Surkkala und seine
Kinder.*

PUNTILA: Ich hab nix davon gesagt, daß du die Gören
   mitbringen sollst. Ich hab mit dir abzurechnen.
SURKKALA: Das hab ich mir gedacht, Herr Puntila,
   darum hab ich sie mitgebracht, sie können zuhören,
   das schadet ihnen nicht.

Pause. Herein Matti.

117

MATTI: Guten Morgen, Herr Puntila, wie ist's mit den Kopfschmerzen?

PUNTILA: Da ist ja der Sauhund. Was hör ich von dir wieder, was hast du jetzt hinter meinem Rücken angezettelt? Hab ich dich nicht erst gestern verwarnt, daß ich dich hinausschmeiß und dir kein Zeugnis ausstell?

MATTI: Jawohl, Herr Puntila.

PUNTILA: Halt's Maul, ich hab deine Unverschämtheiten und Antworten satt. Meine Freunde haben mich aufgeklärt über dich. Was hat dir der Surkkala gezahlt?

MATTI: Ich weiß nicht, was Sie meinen, Herr Puntila.

PUNTILA: Was, jetzt willst du wohl leugnen, daß du mit dem Surkkala unter einer Decke steckst? Du bist selber rot, du hast's zu verhindern gewußt, daß ich ihn rechtzeitig spedier.

MATTI: Erlaubens, Herr Puntila, ich hab nur Ihre Befehle ausgeführt.

PUNTILA: Du hast sehn müssen, daß die Befehle ohne Sinn und Vernunft waren.

MATTI: Erlaubens, die Befehle unterscheiden sich nicht so deutlich voneinander, wie Sie's haben möchten. Wenn ich nur die Befehle ausführ, die einen Sinn haben, kündigen Sie mir, weil ich faul bin und überhaupt nichts tu.

PUNTILA: Häng mir nicht das Maul an, Verbrecher, du weißt genau, daß ich nicht solche Elemente auf'm Hof duld, wo so lang hetzen, bis meine Leut nicht mehr ins Moor gehn ohne ein Ei zum Frühstück, du Bolschewik. Bei mir ist es der Alkoholdunst, wenn ich nicht rechtzeitig kündig, so daß ich ihm jetzt drei Monat Lohn auszahln muß, daß ich ihn loskrieg, aber bei dir ist es Berechnung.

Laina und Fina schleppen immerfort Flaschen herein.

PUNTILA: Aber jetzt mach ich Ernst, Laina. Das seht ihr schon daran, daß ich mich nicht mit einem Versprechen begnüg, sondern den ganzen Alkohol tatsächlich vernichte. Ich bin leider nie so weit gegangen bei früheren Gelegenheiten, und darum hab ich immer Alkohol in der Reichweite gehabt, wenn ich schwach geworden bin. Das war der Hauptgrund allen Übels. Ich hab einmal gelesen, der erste Schritt zur Enthaltsamkeit ist: keinen Alkohol kaufen. Das ist viel zu wenig bekannt. Aber wenn er da ist, muß er wenigstens vernichtet werden. *Zu Matti:* Ich hab meine Absicht damit, daß ich grad dich zusehn laß, das erschreckt dich mehr als alles andere.

MATTI: Jawohl, Herr Puntila. Soll ich die Flaschen auf'm Hof zerschmeißen für Sie?

PUNTILA: Nein, das mach ich selber, du Gauner, das könnt dir passen, den schönen Schnaps – *er hebt eine Flasche prüfend hoch* – zu vernichten, indem du ihn saufst.

LAINA: Schauens die Flasch nicht lang an, werfens sie zum Fenster hinaus, Herr Puntila!

PUNTILA: Sehr richtig. *Kalt zu Matti:* Du wirst mich nicht mehr zum Schnapstrinken bringen, Saukerl. Dir ist nur wohl, wenn man sich um dich wie Säu wälzt. Eine echte Liebe zu deiner Arbeit kennst du nicht, nicht einen Finger würdst du rühren, wenn du dann nicht verhungern würdest, du Parasit! Was, dich an mich heranschmeißen und mir die Näcjt durch mit unsaubern Geschichten kommen und mich dazu verleiten, daß ich meine Gäste beleidig, weil dir nur wohl ist, wenn alles in Dreck gezogen ist, woher du kommst! Du bist ein Fall für die Polizei, ich hab dein Geständnis, warum du überall entlassen worden bist, ich hab dich ja dabei überrascht, wie du bei den Weibsbildern aus Kurgela Agitation getrieben hast, du bist ein niederreißendes Element. *Geistesabwesend beginnt er, sich aus der Flasche in ein Glas einzuschenken, das Matti ihm diensteifrig geholt hat.* Gegen mich hast du einen Haß und möchtest, daß ich überall hereinfall mit deinem „Jawohl, Herr Puntila".

LAINA: Herr Puntila!

PUNTILA: Laß nur, keine Sorg, ich probier ihn nur, ob der Kaufmann mich nicht beschissen hat und weil ich meinen unabänderlichen Beschluß feier. *Zu Matti:* Aber ich hab dich durchschaut vom ersten Augenblick an und dich nur beobachtet, damit du dich verrätst, deshalb hab ich mit dir gesoffen, ohne daß du's gemerkt hast. *Er trinkt weiter.* Du hast gedacht, du kannst mich zu einem ausschweifenden Leben verleiten und dir einen guten Tag aus mir machen, daß ich mit dir sitz und nur sauf, aber da irrst du dich, meine Freunde haben mir ein Licht über dich aufgesteckt, da bin ich ihnen zu Dank verpflichtet, das Glas trink ich auf ihr Wohl! Ich schauder, wenn ich an dieses Leben zurückdenk, die drei Tag im Parkhotel und die Fahrt nach dem gesetzlichen Alkohol und die Weiber aus Kurgela, was war das für ein Leben ohne Sinn und Verstand, wenn ich an das Kuhmädchen denk in der Morgenfrüh, die wollt's ausnützen, daß ich einen sitzen gehabt habe und sie eine volle Brust gehabt hat, ich glaub, sie heißt Lisu. Du Kerl natürlich immer dabei, das mußt du zugeben, es waren schöne Zeiten, aber meine Tochter werd ich dir nicht geben, du Saukerl, aber du bist kein Scheißkerl, das geb ich zu.

LAINA: Herr Puntila, Sie trinken ja schon wieder!

PUNTILA: Ich trink? Nennst du das trinken? Eine Flasch oder zwei? *Er greift nach der zweiten Flasche.* Vernicht die – *er gibt ihr die leere –,* zerschmeiß sie, ich will sie nicht mehr sehn, das hab ich dir doch gesagt. Und schau mich nicht an, wie unser Herr den Petrus, ich vertrag kein kleinliches Auf-einem-Wort-Herumreiten. *Auf Matti:* Der Kerl zieht mich nach unten, aber ihr möchtet, daß ich versauer hier und meine eigenen Fußnägel auffriß vor Langerweil. Was führ ich denn für ein Leben hier? Nichts als den ganzen Tag Leutschinden und für die Küh das Futter ausrechnen! Hinaus, ihr Zwerggestalten!

Laina und Fina kopfschüttelnd ab.

PUNTILA *ihnen nachschauend:* Kleinlich. Ohne Phantasie. *Zu Surkkalas Kindern:* Stehlts, raubts, werdets rot, aber werdets keine Zwerggestalten, das rät euch der Puntila. *Zu Surkkala:* Entschuldig, wenn ich in die Erziehung deiner Kinder eingreif. *Zu Matti:* Mach die Flasch auf!

MATTI: Ich hoff, der Punsch ist in Ordnung und nicht wieder gepfeffert wie neulich. Bei dem Uskala muß man vorsichtig sein, Herr Puntila.

PUNTILA: Ich weiß und laß immer Vorsicht walten.

Ich trink als ersten Schluck immer nur einen ganz kleinen, daß ich immer ausspucken kann, wenn ich was merk, ohne diese gewohnheitsmäßige Vorsicht tränk ich den größten Dreck hinunter. Nimm dir um Gottes willen eine Flasche, Matti, ich hab vor, meine Entschlüsse zu feiern, die ich gefaßt hab, weil sie unabänderlich sind, was immer eine Kalamität ist. Auf dein Wohl, Surkkala!

MATTI: Könnens dann also bleiben, Herr Puntila?

PUNTILA: Müssen wir davon reden, jetzt, wo wir unter uns sind? Matti, ich bin enttäuscht in dir. Dem Surkkala ist nicht mit Bleiben gedient, dem ist Puntila zu eng, dem gefällt's hier nicht, das versteh ich. Wenn ich in seiner Haut stecken würd, dächt ich genau so. Der Puntila wär für mich einfach ein Kapitalist, und wißt ihr, was ich mit ihm tät? In eine Salzmine möcht ich ihn stecken, daß er lernt, was Arbeiten ist, der Schmarotzer. Hab ich recht, Surkkala, sei nicht höflich.

SURKKALAS ÄLTESTE: Aber wir wolln ja bleiben, Herr Puntila.

PUNTILA: Nein, nein, der Surkkala geht, und keine zehn Pferde könnten ihn aufhalten. *Er geht zum Sekretär, sperrt auf und holt Geld aus der Kasse, das er Surkkala übergibt.* Minus zehn. *Zu den Kindern:* Seids immer froh, daß ihr einen solchen Vater habt, der für seine Überzeugung alles auf sich nimmt. Du, als Älteste, Hella, sei ihm eine Stütze. Und jetzt heißt's also Abschied nehmen.

Er streckt Surkkala seine Hand hin. Surkkala nimmt sie nicht.

SURKKALA: Komm, Hella, wir packen. Jetzt habt ihr alles gehört, was es auf Puntila zu hören gibt, kommt.

Er geht mit seinen Kindern ab.

PUNTILA *schmerzlich bewegt:* Meine Hand ist ihm nicht gut genug. Hast du gemerkt, wie ich beim Abschied auf was von ihm gewartet hab, auf irgendein Wort von seiner Seit? Es ist ausgeblieben. Das Gut ist für ihn ein Dreck. Wurzellos. Die Heimat ist ihm nix. Darum hab ich ihn gehen lassen, wie er drauf bestanden hat. Ein bittres Kapitel. *Er trinkt.* Du und ich, wir sind anders, Matti. Du bist ein Freund und ein Wegweiser auf meinem steilen Pfad. Ich krieg Durst, wenn ich dich nur anschau. Wieviel geb ich dir monatlich?

MATTI: Dreihundert, Herr Puntila.

PUNTILA: Ich erhöh dir's auf dreihundertfünfzig. Weil ich mit dir besonders zufrieden bin. *Träumerisch:* Matti, mit dir möcht ich einmal auf den Hatelmaberg steigen, von wo die berühmte Aussicht ist, damit ich dir zeig, in was für einem feinen Land du lebst, du möchtest dich vor den Kopf schlagen, daß du das nicht gewußt hast. Sollen wir den Hatelmaberg besteigen, Matti? Es ließe sich machen, denk ich. Wir könnten's im Geist tun. Mit ein paar Stühl könnten wir's machen.

MATTI: Ich mach alles, was Ihnen einfallt, wenn der Tag lang ist.

PUNTILA: Ich bin nicht sicher, ob du die Phantasie hast.

Matti schweigt.

PUNTILA *ausbrechend:* Bau mir einen Berg hin, Matti! Schon dich nicht, laß nichts unversucht, nimm die größten Felsbrocken, sonst wird's nie der Hatelmaberg und wir haben keine Aussicht.

MATTI: Es soll alles nach Ihrem Wunsch geschehn, Herr Puntila. Das weiß ich auch, daß an einen Achtstundentag nicht gedacht werden kann, wenn Sie einen Berg haben wolln mitten im Tal.

Matti demoliert mit Fußtritten eine kostbare Standuhr und einen massiven Gewehrschrank und baut aus den Trümmern und einigen Stühlen auf dem großen Billardtisch wütend einen Hatelmaberg auf.

PUNTILA: Nimm den Stuhl dort! Du kriegst den Hatelmaberg am besten hin, wenn du meinen Direktiven folgst, weil ich weiß, was notwendig ist und was nicht, und die Verantwortung hab. Du möchtest einen Berg hinbaun, der sich nicht rentiert, das heißt keine Aussicht gewährt für mich und mich nicht freut, denn, das merk dir, dir kommt's nur darauf an, daß du Arbeit hast, ich muß sie einem nützlichen Ziel zuleiten. Und jetzt brauch ich einen Weg auf den Berg und einen, daß ich meine zwei Zentner bequem hinaufbring. Ohne Weg scheiß ich dir auf den Berg, da siehst du, daß du nicht genügend denkst. Ich weiß, wie man die Leut anpacken muß, ich möcht wissen, wie du dich anpacken würdest.

MATTI: So, der Berg ist fertig, jetzt könnens hinaufsteigen. Es ist ein Berg mit einem Weg, nicht in so unfertigem Zustand, wie der liebe Gott seine Berg geschaffen hat in der Eil, weil er nur sechs Tag gehabt hat, so daß er noch eine Masse Knecht hat schaffen müssen, damit Sie was mit anfangen können, Herr Puntila.

PUNTILA *beginnt hinaufzusteigen: Ich werd mir das Genick brechen.*

MATTI *faßt ihn:* Das können Sie sich auch auf ebener Erd, wenn ich Sie nicht stütz.

PUNTILA: Drum nehm ich dich mit, Matti. Sonst würdest du nie das schöne Land sehn, das dich geboren hat und ohne das du ein Dreck wärst, sei ihm dankbar!

MATTI: Ich bin ihm bis zum Grab dankbar, aber ich weiß nicht, ob das genügt, weil im „Helsinki Sanomat" gestanden hat, man soll es noch übers Grab hinaus sein.

PUNTILA: Zuerst die Felder und Wiesen, dann der Wald. Mit seinen Fichten, die im Gestein existieren können und von nix leben, daß man sich staunt, wie sie's in der Notdürftigkeit machen können.

MATTI: Das wären sozusagen ideale Bedienstete.

PUNTILA: Wir steigen, Matti, es geht aufwärts. Die Gebäude und Baulichkeiten aus Menschenhand bleiben zurück, und wir dringen in die pure Natur ein, die einen kahleren Ausdruck annimmt. Laß jetzt alle deine kleinen Bekümmerlichkeiten zurück und widme dich dem gewaltigen Eindruck, Matti.

MATTI: Ich tu mein Bestes, Herr Puntila.

PUNTILA: Ach, du gesegnetes Tavastland! Noch ein Zug aus der Flasche, damit wir deine ganze Schönheit sehn!

MATTI: Einen Augenblick, daß ich den Berg wieder hinunterstürz, den Rotwein holen! *Er klettert hinunter und wieder hinauf.*

PUNTILA: Ich frag mich, ob du die Schönheit von dem
Land sehn kannst. Bist du aus Tavastland?

MATTI: Ja.

PUNTILA: Dann frag ich dich: Wo gibt's so einen Him-
mel, als über Tavastland? Ich hab gehört, er ist an
andern Stellen blauer, aber die Wolken gehn feiner
hier, die finnischen Wind sind behutsamer, und ich
mag kein andres Blau, und wenn ich es haben könnt.
Und wenn die wilden Schwän aus den Moorseen
auffliegen, daß es rauscht, ist das nichts? Laß dir
nichts erzählen von anderswo, Matti, du wirst beschissen, halt dich an das Tavastland, ich rat dir gut.

MATTI: Jawohl, Herr Puntila.

PUNTILA: Allein die Seen! Denk dir die Wälder weg
meinetwegen, da drüben sind meine, den an der
Landzung laß ich schlagen, nimm nur die Seen,
Matti, nimm nur ein paar von ihnen und sieh ab von
den Fischen, von denen sie voll sind, nimm nur
den Anblick von den Seen am Morgen, und es ist
genug, daß du nicht wegwillst, sonst möchtest du
dich verzehren in der Fremde und dahinsiechen aus
Sehnsucht, und wir haben 80 000 in Finnland!

MATTI: Gut, ich nehm nur den Anblick!

PUNTILA: Siehst du den kleinen, den Schlepper mit der
Brust wie ein Bulldogg und die Stämm im Morgen-
licht? Wie sie im lauen Wasser hinschwimmen, schön
gebündet und geschält, ein kleines Vermögen. Ich
riech frisches Holz über zehn Kilometer, du auch?
Überhaupt die Gerüche, die wir haben in Tavastland, das ist ein eigenes Kapitel, die Beeren zum
Beispiel! Nach'm Regen! Und die Birkenblätter,
wenn du vom Dampfbad kommst und dich hast

peitschen lassen mit einem dicken Busch, noch am Morgen im Bett, wie die riechen, wo gibt's das? Wo gibt's überhaupt so eine Aussicht?

MATTI: Nirgends, Herr Puntila.

PUNTILA: Ich mag sie am liebsten, wo sie schon ganz verschwimmt, das ist, wie wenn man in der Liebe, in gewissen Augenblicken, die Augen zudruckt und es verschwimmt. Ich glaub freilich, diese Art Liebe gibt's auch nur im Tavastland.

MATTI: Wir haben Höhlen gehabt an meinem Geburtsort mit Steinen davor, rund wie Kegelkugeln, ganz poliert.

PUNTILA: Seid's hineingekrochen, wie? Statt die Küh hüten! Schau, ich seh welche! Da schwimmens über'n See!

MATTI: Ich seh sie. Es müssen fünfzig Stück sein.

PUNTILA: Mindestens sechzig. Da fährt der Zug. Wenn ich scharf hinhör, hör ich die Milchkannen scheppern.

MATTI: Wenns sehr scharf hinhörn.

PUNTILA: Ja, ich muß dir noch Tavasthus zeigen, das alte, wir haben auch Städte, dort seh ich das Parkhotel, die haben einen guten Wein, den empfehl ich dir. Das Schloß übergeh ich, da habens das Weibergefängnis draus gemacht für die Politischen, sollen sie sich nicht hineinmischen in die Politik, aber die Dampfmühlen machen ein hübsches Bild von der Ferne, die beleben die Landschaft. Und jetzt, was siehst du links?

MATTI: Ja, was seh ich?

PUNTILA: No, Felder! Felder siehst du, soweit dein Auge reicht, die von Puntila sind drunter, besonders das Moor, da ist der Boden so fett, daß ich

die Küh, wenn ich sie in den Klee laß, dreimal melken kann, und das Korn wächst bis zum Kinn und
zweimal im Jahr. Sing mit!
Und die Wellen der lieblichen Roine
Sie küssen den milchweißen Sand.

Herein Fina und Laina.

FINA: Jesses!
LAINA: Sie haben die ganze Bibliothek demoliert!
MATTI: Wir stehn eben auf dem Hatelmaberg und
    genießen die Rundsicht!
PUNTILA: Mitsingen! Habt ihr keine Vaterlandsliebe?
ALLE *außer Matti:*
    Und die Wellen der lieblichen Roine
    Sie küssen den milchweißen Sand.

PUNTILA: O Tavastland, gesegnetes! Mit seinem Him-
    mel, seinen Seen, seinem Volk und seinen Wäldern!
    Zu Matti: Sag, daß dir das Herz aufgeht, wenn du
    das siehst!
MATTI: Das Herz geht mir auf, wenn ich Ihre Wälder
    seh, Herr Puntila!

12

Matti wendet Puntila den Rücken

Hof auf Puntila. Es ist früher Morgen. Matti kommt mit einem Koffer aus dem Haus. Laina folgt ihm mit einem Eßpaket.

LAINA: Da, nehmens das Eßpaket, Matti. Ich versteh nicht, daß Sie weggehn. Wartens doch wenigstens, bis der Herr Puntila auf ist.

MATTI: Das Erwachen riskier ich lieber nicht. Heut nacht hat er sich so besoffen, daß er mir gegen Morgen versprochen hat, er wird mir die Hälfte von seinem Wald überschreiben, und vor Zeugen. Wenn er das hört, ruft er diesmal die Polizei.

LAINA: Aber wenns jetzt weggehen ohne Zeugnis, sind's ruiniert.

MATTI: Aber was nützt mir ein Zeugnis, wo er entweder reinschreibt, ich bin ein Roter, oder ich bin ein Mensch. Stellung krieg ich auf beides keine.

LAINA: Nicht zurechtfinden wird er sich ohne Sie, weil er Sie gewohnt ist.

MATTI: Er muß allein weitermachen. Ich hab genug. Nach der Sache mit dem Surkkala halt ich seine Vertraulichkeiten nicht mehr aus. Dankschön für das Paket und auf Wiedersehn, Laina.

LAINA *schnupfend:* Glück auf'n Weg! *Schnell hinein.*

MATTI *nachdem er ein paar Schritte gegangen ist:*
Die Stund des Abschieds ist nun da
Gehab dich wohl, Herr Puntila.
Der Schlimmste bist du nicht, den ich getroffen

Denn du bist fast ein Mensch, wenn du besoffen.
Der Freundschaftsbund konnt freilich nicht bestehn
Der Rausch verfliegt. Der Alltag fragt: Wer wen?
Und wenn man sich auch eine Zähr abwischt
Weil sich das Wasser mit dem Öl nicht mischt
Es hilft nichts und's ist schade um die Zähren:
's wird Zeit, daß deine Knechte dir den Rücken kehren.
Den guten Herrn, den finden sie geschwind
Wenn sie erst ihre eignen Herren sind.

Er geht schnell weg.

Anmerkungen zur Musik

*„Das Puntilalied" ist von Paul Dessau komponiert. Die
Darstellerin der Köchin Laina kommt während der Um-
bauten mit einem Akkordeonspieler und einem Guitarristen
vor den Vorhang und singt nach der jeweiligen Szene die
ihr entsprechende Strophe. Dabei absolviert sie Verrich-
tungen zur Vorbereitung der großen Verlobung wie Boden-
fegen, Staubwischen, Teigrühren, Schneeschlagen, Kuchen-
formeinfetten, Gläserputzen, Kaffeemahlen, Tellertrocknen.*

*Die „Ballade vom Förster und der Gräfin" wurde auf die
Melodie einer alten schottischen Ballade geschrieben; „Das
Pflaumenlied" auf eine Volksliedmelodie.*

Das Puntilalied

1

Herr Puntila soff drei Tage lang
Im Hotel zu Tavasthus
Und als er ging, da entbot ihm doch
Der Kellner keinen Gruß.
Ach, Kellner, ist das ein Betragn?
Ist die Welt nicht lustig, he?
Der Kellner sprach: Ich kann es nicht sagn
Meine Füß tun vom Stehen weh.

2

Des Gutsherrn Tochter mit Gewinn
Hat 'nen Roman gelesen.
Den hebt sie auf, denn da stand drin
Sie ist ein höheres Wesen.
Doch einmal sprach sie zum Schofför
Und sah ihn seltsam an:
Komm, scherz mit mir, Schofför, ich hör
Man sagt, du bist auch ein Mann.

3

Und als Herr Puntila spazieren ging
Da sah er eine Frühaufsteherin:
Ach, Kuhmädchen mit der weißen Brust
Sag mir, wo gehst du hin.
Mir scheint, du gehst meine Kühe melken
Früh wenn die Hähne krahn.
Doch du sollst nicht nur für mich vom Bett aufstehn
Sondern auch mit mir zu Bette gehn.

4

Auf Puntila in der Badehütt
Ist's, wo man einen Spaß versteht.
Mitunter geht ein Knecht auch mit
Wenn das Gutsfräulein baden geht.
Herr Puntila sprach: Ich geb meinem Kind
Einen Attaché zum Gemahl.
Der sagt nix, wenn er einen Knecht bei ihr find't
Weil ich seine Schulden zahl.

5

Des Gutsherrn Tochter stieg hinab
In die Gutsküch nachts halb zehn:
Schofför, mich reizt deine Manneskraft
Laß uns zum Krebsfang gehn.
Ach, Fräulein, der Schofför da spricht
Mit dir muß was geschehn, ich seh's
Aber, liebes Fräulein, siehst du nicht
Daß ich jetzt meine Zeitung les?

6

Der Bund der Bräute des Herrn Puntila
Zur Verlobung ist er erschienen.
Und wie sie der Herr Puntila sah
Da hat er geschrien mit ihnen.
Hat je ein Schaf einen Wollrock gekriegt
Seit je man Schafe geschorn?
Ich schlaf mit euch, doch an meinem Tisch
Da habt ihr nichts verlorn.

7

Die Frauen von Kurgela, wie es heißt
Sie stimmten ein Spottlied an.
Doch da warn die Schuh durchlaufen schon
Und ihr Sonntag war vertan.
Und wer auch sein Vertrauen setzt
Auf der reichen Herren Huld
Soll froh sein, wenn's den Schuh nur kost
Denn da ist er selber schuld.

8

Herr Puntila hat auf den Tisch geschlagn
Da war's ein Hochzeitstisch:
Ich verlob mein Kind nicht sozusagn
Mit einem kalten Fisch.
Da wollt er sie geben seinem Knecht
Doch als er den Knecht dann frug
Da sprach der Knecht: Ich nehm sie nicht
Denn sie ist mir nicht gut genug.

Bertolt Brecht
im Suhrkamp Verlag und
im Insel Verlag

Werke. Große kommentierte Berliner und Frankfurter Ausgabe. Dreißig Bände. Herausgegeben von Werner Hecht, Jan Knopf, Werner Mittenzwei und Klaus-Detlef Müller. Gemeinschaftsausgabe des Aufbau-Verlages Berlin-Weimar und des Suhrkamp Verlages Frankfurt am Main. Leinen und Leder (Die Bände erscheinen zwischen 1988 und 1993.)

Gesammelte Werke. 1967. Dünndruckausgabe in 8 Bänden. 2 Supplementbände. Herausgegeben vom Suhrkamp Verlag in Zusammenarbeit mit Elisabeth Hauptmann. Leinen und Leder

Gesammelte Werke. 1967. Werkausgabe in 20 Bänden. 4 Supplementbände. Textidentisch mit der Dünndruckausgabe. Leinenkaschiert

Einzelausgaben

Arbeitsjournal 1938-1955. 3 Bände. Herausgegeben von Werner Hecht. Leinen und leinenkaschiert

Der aufhaltsame Aufstieg des Arturo Ui. es 144

Aufstieg und Fall der Stadt Mahagonny. Oper. es 21

Ausgewählte Gedichte. Auswahl von Siegfried Unseld. Nachwort von Walter Jens. es 86

Baal. Drei Fassungen. Kritisch ediert und kommentiert von Dieter Schmidt. es 170

Baal. Der böse Baal der asoziale. Texte, Varianten, Materialien. Kritisch ediert und kommentiert von Dieter Schmidt. es 248

Das Badener Lehrstück vom Einverständnis. Die Rundköpfe und die Spitzköpfe. Die Ausnahme und die Regel. Drei Lehrstücke. es 817

Die Bibel und andere frühe Einakter. BS 256

›Biberpelz‹ und ›Roter Hahn‹. Zwei Stücke von Gerhart Hauptmann in der Bearbeitung des Berliner Ensembles. es 634

Briefe an Marianne Zoff und Hanne Hiob. Herausgegeben von Hanne Hiob. Redaktion und Anmerkungen von Günther Glaeser. Leinen und Leder

Briefe. 2 Bände. Herausgegeben und kommentiert von Günter Glaeser. Leinen

Der Brotladen. Ein Stückfragment. Bühnenfassung und Texte aus dem Fragment. es 339

Buckower Elegien. Mit Kommentaren von Jan Knopf. es 1397

Dialoge aus dem Messingkauf. BS 140

Bertolt Brechts Dreigroschenbuch. Texte, Materialien, Dokumente. 2 Bde. Herausgegeben von Siegfried Unseld. st 87

Die Dreigroschenoper. es 229

11/1/3.90

Bertolt Brecht
im Suhrkamp Verlag und
im Insel Verlag

11/2/3.90

11/3/3.90

Bertolt Brecht
im Suhrkamp Verlag und
im Insel Verlag

Über Realismus. Herausgegeben von Werner Hecht. es 485

Die unwürdige Greisin und andere Geschichten. Zusammengestellt von Wolfgang Jeske. st 1740

Das Verhör des Lukullus. Hörspiel. es 740

Versuche. 4 Bände in Kassette. Kartoniert

Materialien

Brecht im Gespräch. Diskussionen, Dialoge, Interviews. Herausgegeben von Werner Hecht. es 771

Brechts ›Antigone‹. Herausgegeben von Werner Hecht. stm. st 2075

Brecht-Journal. Herausgegeben von Jan Knopf. es 1191

Brecht-Journal 2. Herausgegeben von Jan Knopf. es 1396

Brechts ›Dreigroschenoper‹. Herausgegeben von Werner Hecht. stm. st 2056

Brechts ›Gewehre der Frau Carrar‹. Herausgegeben von Klaus Bohnen. stm. st 2017

Brechts ›Guter Mensch von Sezuan‹. Herausgegeben von Jan Knopf. stm. st 2021

Die heilige Johanna der Schlachthöfe. Bühnenfassung, Fragmente, Varianten. Kritisch ediert von Gisela E. Bahr. es 427

Brechts ›Heilige Johanna der Schlachthöfe‹. Herausgegeben von Jan Knopf. stm. st 2049

Brechts ›Herr Puntila und sein Knecht Matti‹. Herausgegeben von Hans Peter Neureuter. stm. st 2064

Brechts ›Kaukasischer Kreidekreis‹. Herausgegeben von Werner Hecht. stm. st 2054

Materialien zu Brechts ›Leben des Galilei‹. Zusammengestellt von Werner Hecht. es 44

Brechts ›Leben des Galilei‹. Herausgegeben von Werner Hecht. stm. st 2001

Bertolt Brecht. Leben und Werk im Bild. Mit autobiographischen Texten, einer Zeittafel und einem Essay von Lion Feuchtwanger. it 406

Brechts ›Mann ist Mann‹. Herausgegeben von Carl Wege. stm. st 2023

Brechts Modell der Lehrstücke. Zeugnisse, Diskussion, Erfahrungen. Herausgegeben von Reiner Steinweg. es 751

Materialien zu Brechts ›Mutter Courage und ihre Kinder‹. Zusammengestellt von Werner Hecht. es 50

Brechts ›Mutter Courage und ihre Kinder‹. Herausgegeben von Klaus-Detlef Müller. stm. st 2016

11/4/3.90

Bertolt Brecht
im Suhrkamp Verlag und
im Insel Verlag

11/5/3.90

Deutschsprachige Literatur
in der edition suhrkamp:
Drama

Deutschsprachige Literatur
in der edition suhrkamp:
Drama

Frankfurter Poetik-Vorlesungen
in der edition suhrkamp

Becker, Jurek
Warnung vor dem Schriftsteller. Frankfurter Vorlesungen. es 1601

Johnson, Uwe
Begleitumstände. Frankfurter Vorlesungen. es 1019

Lenz, Hermann
Leben und Schreiben. Frankfurter Vorlesungen. es 1425

Mayer, Hans
Gelebte Literatur. Frankfurter Vorlesungen. es 1427

Meckel, Christoph
Von den Luftgeschäften der Poesie. Frankfurter Vorlesungen. es 1578

Muschg, Adolf
Literatur als Therapie? Ein Exkurs über das Heilsame und das Unheilbare. es 1065

Nizon, Paul
Am Schreiben gehen. Frankfurter Vorlesungen. es 1328

Rühmkorf, Peter
agar agar – zaurzaurim. Zur Naturgeschichte des Reims und der menschlichen Anklangsnerven. Textillustrationen vom Autor. es 1307

Sloterdijk, Peter
Zur Welt kommen – Zur Sprache kommen. Frankfurter Vorlesungen. es 1505

Walser, Martin
Selbstbewußtsein und Ironie. Frankfurter Vorlesungen. es 1090